코카서스 3국의
역사와 문화

이 저서는 2018학년도 고려대학교 문과대학 박준구 기금의
인문교양총서 지원을 받아 저술됨

코카서스 3국의 역사와 문화

조지아·아제르바이잔·아르메니아의
숨겨진 매력

허승철

KU PRESS
고려대학교
출판문화원

Black Sea
Caspian Sea
GEORGIA
ARMENIA
AZERBAIJAN
TURKEY
IRAN
Abkhazia
Ajaria
Karachay-Cherkessia
Kabardino-Balkaria
North Ossetia
Ingushetia
Chechenia
Dagestan
Nakhichevan (AZERBAIJAN)
T'bilisi
Yerevan
Baku
Groznyy
Vladikavkaz
Makhachkala
Boundaries
International
Republic or kray
Transportation
Road
Railroad
Airport
Port
Energy resources
Oil well
Gas well
Hard coal mine
Brown coal mine
Mineral resources
Alunite
Gold
Chromium
Copper
Iron ore
Mercury
Manganese
Molybdenum
Lead
Tungsten
Zinc
Populated places
Star symbol denotes capital city.
Open circle denotes republic center.
T'bilisi Over 1,000,000
Groznyy 250,000 - 500,000
Trabzon 100,000 - 250,000
Dilijan
Elevation

코카서스 지역 지도

조지아

조지아 스바네티 지역의 산악 마을

조지아의 즈바리 수도원

트빌리시의 나리칼라 요새

트빌리시 전경

아제르바이잔

바쿠 전경

헤이다르 알리예프 센터

바쿠의 구시가

바쿠와 카스피해

아르메니아

아라라트 산을 배경으로 한 예레반 전경

예레반의 오페라하우스

예레반의 카스카트 전경

아르메니아 게하르트 수도원

[차례]

서문

남코카서스를 차지하고 있는 조지아, 아제르바이잔, 아르메니아 3국은 지리적으로 우리나라에서 멀리 떨어져 있는 나라들이다. 아제르바이잔에는 한국 대사관이 있지만, 조지아에는 아제르바이잔 대사관에서 겸임하는 분관만 있고, 아르메니아에는 아직 공관이 없다. 지리적으로 멀리 떨어져 있는 코카서스 3국은 매년 2만 명 이상의 한국인 관광객이 방문할 정도로 우리에게 가까이 다가왔다. 3개국을 다 합쳐도 인구가 1,700만 명에 불과하고, 면적도 한반도보다 작으면서 험준한 산악 지역이 국토의 상당 부분을 차지하고 있는 이 코카서스 3국은 우리에게 어떠한 의미가 있는 나라들인지 생각해 볼 필요가 있다.

우선 코카서스 지역은 아시아와 유럽, 정교와 이슬람이 만나는 지역이다. 이 지역 국가들은 역사적, 지정학적 상황이 우리나라와 비슷해서 험난한 노정을 걸어왔다. 강대국에 둘러싸여 수많은 외침을 받아 오면서 고유의 언어, 문자, 문화를 유지한 것은 경이로운 일이다. 오히려 다양한 외세의 침략과 지배를 받으며 코카서스 3국은 민족 문화의 본질을 잃지 않고, 외부로부터의 문화적 영향을 잘 흡수하여 독특한 문화를 발전시켰다. 동아시아 3국이 유교, 불교 문화권이면서도 각기 고유한 문화, 특징, 국민성을 유지하며 서로 애증의 세월을 보낸 것처럼, 코카서스 3국도 좁은 지역에서 서로 부대끼며 동화와 분화를 거듭하며 같음과 다름을 유지하고, 공생과 갈등(특히 아제르바이잔과 아르메니아)의 관계를 이어 왔다.

나는 깊이 있는 지역학 연구는 같아 보이는 것에서 다른 것을 찾는 것이라고 생각한다. 이를 위해서는 각 지역의 맹주 역할을 해 온 강대국 위주의 시각으로 그 지역에 속한 중소 국가들을 바라보는 관습을 탈피해야 한다. 코카서스 3국 연구도 소련(러시아), 터키, 이란의 시각을 통해 접근하는 방법은 바람직하지 않을 것이다. 만일 서양 사람들이 한-중-일이 하나의 문화이고, 한국 문화가 중국 문화나 일본 문화의 아류이거나 일부라고 말한다면, 우리 입장에서 당연히 이에 항의할 것이고, 학문적으로나 사실적으로나 왜곡된 접근이라고 비판할 것이다. 지난 몇 년간 출간된 《조지아의 역사》《호랑이 가죽을 두른 용사》《코카서스 3국 문학 산책》에 이어 이 책이 국내에 미개척 학문분야로 남아 있고, 전문가도 드문 조지아, 아제르바이잔, 아르메니아에 대한 좀 더 깊이 있는 접근을 위한 입문서가 되기를 희망한다.

이 책을 쓰는 데도 많은 분들의 도움을 받았다. 조지아 부분은 연세대 대학원의 루수단 피르츠칼라바(Rusudan Pirtskhalava, რუსუდან ფირცხალავა) 양, 아제르바이잔 부분은 주한 아제르바이잔 대사관의 바키프 자파로프(Vagif Jafarov) 참사관님과 한국외대 대학원의 아슬란리 귤나르(Aslanli Gülnar) 양, 아르메니아 부분은 경희대 대학원의 아니 키라코시얀(Ani Kirakosyan, Անի Կիրակոսյան) 양이 고유 명사 표기와 서술 내용을 점검하고 고쳐 주었다. 저자의 부족한 지식과 어학능력으로 인한 실수를 줄여 준 이분들께 감사의 말씀을 전한다. 책의 저술을 지원한 고려대 문과대학 박준구연구기금과 꼼꼼하게 편집 작업을 진행한 고려대학교출판문화원에 깊은 감사를 표한다.

2019년 10월 저자

1부

코카서스 개관

1장 • 코카서스의 지리적 환경과 개황

1. 코카서스의 지리적 환경

조지아, 아르메니아, 아제르바이잔이 위치한 지역은 통상 남코카서스 또는 트랜스코카서스라고 불린다. 코카서스는 대(大)코카서스 산맥을 경계로 북(北)코카서스와 남(南)코카서스로 나뉜다. 북코카서스(the North Caucasus, Ciscaucasia, 러시아어-Предкавказье)에는 러시아연방의 다게스탄(Dagestan), 체첸-잉구쉬(Chechnya-Ingushetia), 카바르디아-발카르(Kabardino-Balkar), 북오세티아(North Ossetia) 자치공화국 등이 포함된다. 여기에 아디게이(Adygey), 카라차이-체르케스(Karachay-Cherkess) 자치주(自治州)와 크라스노다르(Krasnodar), 스타브로폴(Stavropol) 변강주(邊疆州, Krai)와 칼미키아(Kalmykia) 자치공화국의 일부와 로스토프(Rostov)주의 일부가 포함된다. 남코카서스는 러시아에서 바라보면 대코카서스 산맥 너머에 있는 지역이므로 '코카서스 너머 지역'이라는 의미의 '자카프카지예(Zakavkazie)'로 불렸고, 이것을 영어로 옮긴 것이 '트랜스코카서스(Transcaucasus)'라는 명칭이다.[1] 남코카서스에는 조지아, 아르메

아이바좁스키의 다랼계곡 그림

카즈베크 봉

니아, 아제르바이잔에 속해 있거나, 독립을 선언한 남오세티아(South Ossetia), 압하지아(Abkhazia), 나고르노-카라바흐(Nagorno-Karabakh), 나히체반(Nakhichevan), 아자리아(Ajaria) 같은 영토 분쟁 지역이 포함되고, 이란, 터키의 일부 지역도 남코카서스에 들어간다.

드왈(De Waal) 같은 학자는 코카서스를 "사이의 땅(Lands between)"이라고 불렀다. 즉 아시아와 유럽의 사이, 흑해와 카스피해 사이, 이슬람 문명과 기독교 문명 사이, 동양과 서양 사이, 인도양과 러시아 대륙 사이, 중동과 러시아 사이, 이란, 터키와 러시아 사이, 최근에는 민주주의와 독재주의 사이에 위치해 있다.[2] 이러한 지리적 위치로 인해

1. 허승철, 《코카서스 3국 문학 산책》, 12.

코카서스는 수많은 외세의 침입과 정복을 받았다.

남코카서스는 북쪽으로는 러시아, 동쪽으로는 카스피해, 남쪽으로는 이란과 터키, 서쪽으로는 흑해와 경계하고 있다. 5,000미터에 달하는 대코카서스 산맥이 북쪽에서 내려오는 찬 공기를 막아 주고, 남코카서스 남쪽 경계의 소코카서스 산맥은 남쪽으로부터 불어오는 열풍과 모래바람을 막아 주기 때문에 남코카서스 지역, 특히 조지아와 인근 지역은 사람이 거주하면서 포도 재배 등 농경 활동을 하기에도 알맞은 환경을 제공해 주었다. 비교적 온화한 기후와 풍부한 수자원, 농경에 알맞은 지형으로 남코카서스 지역은 고대시대부터 인류의 정착 생활이 이루어졌으며, 유럽인의 조상도 이 지역에서 거주하다가 북서쪽 유럽 지역으로 옮겨간 것으로 여겨져서 백인을 뜻하는 "코케이지언(Caucasian)"이란 용어도 나왔다.[3] 쿠반(Kuban) 강, 바크산(Baksan) 강, 테레크(Terek) 강, 술라크(Sulak) 강, 사무르(Samur) 강은 대코카서스 산맥에서 발원하여 북쪽으로 흐르고, 인구리(Inguri) 강, 리오니(Rioni) 강, 아그라비(Agravi) 강, 이오리(Iori) 강은 남쪽으로 흐른다. 200개가 넘는 빙하가 여러 강에 풍부한 수원이 되고 있다. 3월부터 녹는 고산의 눈은 7, 8월까지 계속 풍부한 수량을 제공한다. 연평균 기온은 16도이다.[4]

코카서스 3국의 면적은 한반도보다 조금 작은 186,100km^2(조지아 69,700㎢, 아르메니아 29,743㎢, 아제르바이잔 86,600㎢)이다. 코카서스 3국의 인구는 1,761만 명(조지아 472만 명, 아르메니아 301만 명, 아제르바이잔 989만 명)으로 한 나라라고 해도 면적과 인구에서 내세울 것이 없는 것 같아 보이는 지역이다. 그러나 이런 적은 인구와 약한 국력에도 불구하고, 기원전부

테레크 강과 산악 지대

터 로마, 비잔틴, 페르시아, 아랍, 오스만튀르크, 러시아의 수많은 침입과 압제를 받아 오면서도 고유의 문화를 유지해 오다가 소련 붕괴 시기에 함께 국가 독립을 쟁취한 것은 경이로운 일이다. 아르메니아와 조지아는 로마가 기독교를 공인하기 전에 기독교를 국교로 받아들였으며, 5세기에 만들어진 아르메니아 문자와 조지아 문자는 전 세계에 15개밖에 없는, 독창적으로 창제된 문자들 중 하나이다.

한국과 코카서스 3국은 1992년 대사급 외교관계를 수립하였으며, 현재 서울에는 아제르바이잔, 조지아 대사가 상주하고(아르메니아는 주일

---

2. T. De Waal, *The Caucasus: An Introduction*, 1.
3. 코케이지언(Caucasian) – '괴팅겐 역사학파(Göttingen School of History)'의 멤버였던 19세기 독일의 고고학자 블루멘바흐(Blumenbach)는 인류를 Caucasoid, Mongoloid, Negroid 세 인종으로 나누었다. 그는 Caucasiod는 아프리카를 출발한 원인류는 중동을 거쳐 자연환경이 좋은 조지아 지역에 거주하다가 유럽으로 건너가서 백인의 조상이 되었다고 주장했다. 허승철, 《코카서스 3국 문학 산책》, 12-13.
4. 같은 책, 12.

본 대사가 겸임), 한국은 아제르바이잔에 대사를 파견하고, 조지아에는 주 아제르바이잔 대사관이 관할하는 분관이 설치되어 있으며, 아르메니아는 주러시아 대사가 겸임대사를 맡고 있다. 조지아는 옛 소련권 국가 중 우크라이나 다음으로 2007년부터 한국인에게 무비자 입국을 허용하고 있으며, 아제르바이잔과 아르메니아는 공항 입국 비자 발급을 실시하고 있다. 최근 코카서스 3국에 대한 한국인들의 관심이 커지면서 방문객이 폭발적으로 늘어나 2018년 3국을 방문하는 한국인 숫자가 1만 4천 명을 넘어섰다. 관광 시즌인 봄-가을까지 우리 국적기가 조지아 수도 트빌리시까지 직항 운항을 하고 있다.

'코카서스'와 '카프카스'의 어원

그리스의 역사학자였던 플리니(Pliny)는 '코카서스'라는 명칭이 '눈에 덮인 하얀 빙하'를 뜻하는 스키타이어의 '크로이-카시스(kroy-khasis)'에서 나왔다고 주장했다. 루스의 초기 역사를 다룬 〈지나간 시절의 이야기(the Tale of Past Years)〉에 나오는 '카프카스의 산들(Kavkasijskyě gory, Кавкасийскыѣ горы)'이라는 표현에 쓰인 '카프카스'는 고대 그리스어의 '카우카소스(Kaukasos Καύκασος)'를 어원으로 한다. 이 단어는 후에 '카프카소스(Kafkasos)'로 변했다. 이 단어를 '갈매기들(καύ)의 산(κασος)'으로 해석하는 학자도 있지만, 이보다는 '높은 곳'을 뜻하는 고트어의 'Hauhs'나 '언덕' 또는 '산'을 뜻하는 리투아니아어의 'Kaũkas'에서 나왔다고 보는 것이 일반적이다. 따라서 발음도 영어식의 '코카서스'보다는 슬라브어나 발트어의 '카프카스'가 원어에 가깝다고 볼 수 있다.(허승철, 《코카서스 3국 문학 산책》, 13)

2. 코카서스의 역사적 배경

남코카서스 지역은 아프리카를 제외하고 인류가 가장 먼저 정착해 살았던 지역이다. 인류 유골 중 가장 오래된 것 중 하나인 호모 조지아티쿠스(Homo georgiaticus)라고 이름이 붙여진 약 180만 년 전의 두개골이 남부 조지아의 드마니시(Dmanisi) 지역에서 발굴되었다. 카라바흐(Karabakh) 지역의 동굴에서 발견된 네안데르탈인의 턱뼈는 30만 년 전 이전 것으로 추정되었다. 기원전 6000년 전에는 와인 제조법을 보유한 석기 문화가 발달했다. 바쿠 남쪽의 고부스탄(Gobustan)에는 4천년 이상 된 암각화가 있다. 이 모든 유적은 코카서스에 오래전부터 인류 문명 흔적과 정착민 문화가 꾸준하게 발달되었다는 것을 보여준다.

서양의 전설과 신화에는 남코카서스가 자주 등장한다. 성서에 나오는 노아의 방주가 대홍수 후 자리를 잡은 곳이 과거 아르메니아 영토였던 아라라트(Ararat) 산(현재는 터키령)이다. 그리스 신화의 프로메테우스 전설에서 프로메테우스가 바위에 매달려 독수리에게 간을 쪼아 먹힌 곳은 조지아의 카즈베크 산이다. 황금 양털(The Gold Fleece)의 전설에서 용이 지키는 황금 양털이 있던 곳은 조지아의 콜키스 왕국이다.

기원전 10세기경부터 다양한 부족이 거주하던 남코카서스 지방에 국가 형태가 나타난 것은 기원전 5-4세기 청동기-철기 시대이다. 그러나 중근동에서 세력을 겨루고 있던 로마와 페르시아가 이 지역을 차례로 정복하면서 초기 왕국들은 두 제국과 연합을 맺거나 가신국으로 조공을 바치며 국가를 이어 왔다. 4세기 기독교를 받아들이고, 5세기 고유 문자를 창제하면서 문화적 융성기를 일시 맞았으나, 7세기 아랍 세력이 이 지역까지 북상하면서 자치권을 잃고 말았다. 조지아는 중세 시대인 12-13세기 다비트(Davit) 대왕과 타마르(Tamar) 여왕이라는 뛰어난 군주의 통치로 지역에서 가장 세력이 큰 국가가 되었으나, 몽골 침입으로 짧은 전성기는 끝났고 말았다. 이후 코카서스 3국은 티무르의 지배를 거쳐 페르시아 사파비 왕조와 오스만튀르크 사이에서 많은 고난을 겪었다.

18세기 러시아가 세력을 확장하면서 19세기 초 남코카서스 지역은 러시아에 복속된다. 러시아식 교육을 받은 민족 엘리트들은 서유럽의 민족주의 사상으로 무장하고 문예 부흥을 이끌었다. 19세기 후반 아제르바이잔 바쿠의 석유붐으로 바쿠는 노벨가나 로스차일드가 같은 유럽 자본가들의 투자를 받아 경제적 성장을 누렸다. 바쿠 유전은 20세기 초 세계 석유 생산의 절반을 담당할 정도로 중요한 유전이었고, 20세기 후반 가스전이 발견되면서 아제르바이잔의 경제 부흥을 이끌었다.

1917년 러시아 혁명 이후 잠시 민족공화국을 선포하고 자주적 국가를 가졌던 코카서스 3국은 러시아 내전이 끝나면서 다시 소련에 편입되어 1922년 트랜스코카서스연방공화국을 구성한 다음, 1936년 다시 개별 연방공화국이 되었다. 소련 시대를 거쳐 1991년 소련 붕괴로 독립을 찾은 코카서스 3국은 각기 다른 민족국가 건설(Nation-building)의 길을 걸으며 서방과 러시아, 터키, 중동 사이에서 서로 차별되는 대외정책을 펼치고 있다.

좁은 지역에 밀집해 있는 국가들 사이의 관계에서 자주 보듯이 코카서스 3국의 관계는 애증의 길을 걸어왔다. 아르메니아와 아제르바이잔은 나고르노-카라바흐(Nagorno-Karabagh) 문제, 나히체반(Nakhichevan) 문제로 독립 후 전쟁을 치렀고, 현재도 준교전 상태에 있다. 기독교 국가인 조지아와 아르메니아는 서로 사이가 좋을 것 같으나, 미묘한 종교, 문화적 차이와 갈등이 있다. 기독교 도입 약 200년 후 교리상의 문제를 둘러싸고 아르메니아 교회와 조지아 교회 사이에는 상호 "이단배척(anathema)"이 발생했다. 이러한 대립으로 인해 조지아인들은 그리스 세계와 더 가까워졌고, 아르메니아인들은 중동 지역의 초기 기독교 교회들과 가까워졌다.

3. 코카서스 3국의 역사적 특성

3.1 조지아

조지아는 남코카서스에서 가장 "코카서스적"인 나라이다. 이국적 풍광과 향기 높은 와인, 호쾌한 국민성으로 잘 알려져 있는 조지아는 국토에 대한 자부심이 대단하다. 조지아인들이 가장 좋아하는 이야기에 따르면 하느님은 태초에 다른 민족들에게 나라를 모두 나누어 준 다음 조지아 민족을 만나게 되었다. 조지아인들은 늘 그렇듯이 축제를 즐기고 있었고, 창조주를 초대해 주연을 베풀고 노래를 불렀다. 기분이 너무 좋아진 신은 이 유쾌하고 태평한 민족에게 자신을 위해 남겨둔 지구의 마지막 땅을 주었다고 한다.[5] 미국 작가 존스타인벡은 "러시아 사람들은 코카서스와 흑해 연안에 있는 나라(조지아)를 일종의 두 번째 천국으로 말한다."라고 썼다. 이란과 터키, 중동과 교류가 많았던 아르메니아와 아제르바이잔의 문화와 음식은 주변의 강대한 제국의 영향을 크게 받아서 어느 정도 혼성적 성격을 띠게 되었지만, 조지아는 상대적으로 자신들의 고유 전통을 잘 보존해 왔다. 아름다운 다성(多聲, polyphonic) 성악곡을 비롯한 문화적 자산들은 다른 어디에서 찾아볼 수 없는 독특한 성격을 가지고 있다. 고지 산악 지역이라는 지리적 환경 덕분에 조지아인들은 오래된 기사도적 생활양식을 보존하여 왔고, 이러한 중세적 기사도는 현대에 남성적 기백으로 나타났다.[6]

조지아는 사실상 여러 지역의 통합체이고, 민족적 정체성은 고대와 비교적 현대의 현상이다. 다시 말해 조지아의 민족적 정체성은 기독교를 수용하고, 중세왕국을 이룬 고대, 중세 시대와 19세기 이후 민족적 각성과 20세기 초의 일시적 독립, 1991년 소련 해체 후 독립 조지아의 출발 등 현대 시대에 주로 형성되었다. 13-18세기는 주변 강대국의 연이은 침략과 지배로 민족적 정체성이 위기를 맞았으나, 고유문화, 언어, 민속 전통은 끈질기게 이어져왔다. 역사적으로 조지아는 동부의 카헤티(Kakheti), 티플리스(Tiflis)를 중심으로 한 카르틀리(Kartli), 서부의 이메레티(Imereti), 흑해 연안의 구리아(Guria)와 밍그렐리아(Mingrelia), 남쪽의 메스히아(Meskhia, 삼츠케Samtske), 북쪽 산악 지역의 스바네티(Svaneti) 지역과 공국으로 이루어져 있었다. 각 지역의 조지아인들은 고유의 특성을 가지고 있었다. 카헤티인들은 직선적이고 솔직한 반면, 구리아인들은 재치가 있고, 밍그렐리아인들은 솜

씨가 좋다는 평가를 받는다. 조지아인들이 현재 자신들의 나라를 지칭하는 말로 쓰는 사카르토벨로(sakartovelo, '카르툴리kartuli어를 쓰는 사람들이 사는 지방'이라는 뜻)라는 명칭은 11세기 다비트(David) 대왕 시절 중부 조지아 왕국을 의미했다. 이 지역은 로마인들에게는 이베리아(Iberia)로 알려졌다.[7]

4세기에 로마보다 먼저 기독교를 국교로 수용하고, 5세기에 고유 문자를 만든 조지아인들은 일찍부터 고유의 문화를 발달시키기 시작했다. 다비트 대왕 시절 시작되어 그의 고손녀인 타마라(Tamara) 여왕 때가지 지속된 길지 않은 황금시대(Golden Age)에 조지아 민족정체성의 기초가 만들어져서, 유명한 교회들이 건설되고 조지아 문학어가 형성되었다. 그러나 이러한 "황금시대" 이후 조지아의 역사는 수많은 강대국의 침입과 지배로 점철되었다. 13세기 이후 반복적인 몽골 침입과 이를 이어 이란과 오스만의 지배가 지속되었다. 카르틀리와 카헤티의 군주들이 페르시아 왕조와 오스만튀르크에 굴종하는 시기가 18세기 말까지 계속되다가, 19세기에 들어서는 제정 러시아의 지배를 받았고, 소련이 해체된 1991년 조지아는 독립국으로 다시 출발하게 되었다.[8]

5. 허승철, 《조지아의 역사》, 28.
6. De Waal, 31.
7. 허승철, 25.
8. De Waal, 32-33.

3.2 아제르바이잔

아제르바이잔은 기독교를 신봉하는 조지아나 아르메니아와 다르게 주민 대다수가 이슬람을 신봉하고, 이슬람 신자 중 85%가 시아파이다. 아제르바이잔은 남코카서스의 가장 큰 나라이다. 약 천만 명의 인구를 가지고 있고, 이 중 90%가 아제르바이잔인이다. 아제르바이잔의 원주민은 코카서스 알바니아인들이지만, 7세기부터 터키인들이 들어오기 시작하고, 9세기경 오우즈튀르크(Oghuz Turks)가 현재의 아제르바이잔 지역에 정착하면서 코카서스 알바니아인들은 산악 지역으로 들어가 소수민족이 되었다. 오우즈튀르크는 현재의 아제르바이잔인들의 조상으로 여겨진다. 셀주크튀르크는 11세기에 코카서스를 일시적으로 석권하지만, 페르시아제국의 지배가 한동안 이어졌고 튀르크 세력이 코카서스를 장악한 것은 15세기 중반 오스만튀르크가 콘스탄티노플과 트레비존드(Trevizond)를 점령한 후이다. 수니파인 오스만 제국과 다르게 아제르바이잔인들이 시아파가 된 것은 14세기 수피즘 전통에서 연유되었다. 터키어는 흑해 동부 연안의 공용어(lingua franca)가 되었다. 아제르바이잔은 역사적으로 터키, 이란과 밀접한 관계를 맺었으며, 이란 북부에는 아제르바이잔 본토 인구의 2배가 넘는 약 2천만 명의 아제르인들이 거주하고 있다. 아제르바이잔은 아시아와 유럽을 동서 교역로와 이란과 러시아를 잇는 남북 교역로의 중심에 위치하고 있다.

아제르바이잔은 원주민인 코카서스 알바니아인들이 산악 지역으로 들어가고 오우즈튀르크가 주류가 되면서 고유문화와 민족 전통의 수립이 늦게 시작되었고, 잦은 외침으로 정체성 확립에 어려움을 겪었다. 20세기 이전에 외부인들은 아제르바이잔을 시르반인들(Shirvanis), 코카시아 타타르인들(Caucasian Tatars), 튀르크인들(Turks) 또는 단순히 이슬람교도들(Muslims)이라고 불렀다. 아제르바이잔인들 자신은 명칭에 대해 유연한 태도를 가지고 있다.

아제르어가 3세기부터 20세기까지 세 가지 문자를 사용했다는 점도 역사적 지속성을 흐트러지게 만든 요인이 되었다. 20세기에 들어와서는 1920년대에 라틴 문자를 쓰다가, 1930년대에 키릴 문자로, 1990년대에는 다시 라틴 문자로 돌아갔다. 이러한 잦은 문자 교체로 교육받은 아제르바이잔인도 최근의 역사에 대한 기록을 읽는 것이 쉽지 않다.[9]

19세기 중반부터 오일 붐으로 경제적 호황을 이루었으며, 바쿠 유전은 한때 세계 석유 생산량의 절반을 차지하기도 했다. 아제르바이잔 독립 후 카스피해 해상유전과 가스전 개발로 코카서스 3국 중 가장 높은 경제수준을 유지했으나, 최근의 국제유가 하락으로 어려움을 겪고 있다.

3.3 아르메니아

아르메니아공화국은 남코카서스 3개국 중 면적이 가장 작고, 인구는 3백만에 불과하지만, 전 세계의 흩어져 거주하는 9백만 명이 넘는 아르메니아 이주민들의 조국이다. 국내 거주 인구보다 해외 거주 인구가 훨씬 많다는 것은 아르메니아가 걸어 온 고난의 역사의

9. 같은 책, 27.

산 증거이다. 현재 남코카서스에 아르메니아 국가가 존재하는 것은 역사적 우연으로 볼 수 있을 정도로 국가적 독자성과 정체성을 유지하는 일이 쉽지 않았다. 1375년 실리시아(Cilisia) 왕국이 멸망한 후 1918년 짧게 존속한 아르메니아 공화국이 설립될 때까지 어떠한 국가적 정치체도 존재하지 않았다. 역사적 아르메니아의 중심부인 서부 아르메니아 또는 동부 아나톨리아는 수 세기 동안 다른 국가들이 지배했다.[10]

여러 제국들에 복속되어 살면서도 아르메니아인들은 교회와 아르메니아 문자로 기록된 문학 전통, 영광스런 과거를 동경하는 전통을 무기로 집단적 정체성을 유지해 왔다. 아르메니아인들의 황금 시기는 먼 과거인 기원전 1세기 티그란(Tigranes) 대왕 치세 시기로 거슬러 올라간다. 티그란은 로마 동부에서 가장 강력한 왕국을 건설했지만, 이후에는 여러 제국의 지배를 받았다. 451년 페르시아에 복속되지만, 기독교 신앙과 민족 정체성은 보존하도록 허락받았다. 1236년에는 몽골의 침입을 받아 중근동에서 가장 큰 도시였던 수도 아니(Ani)가 철저히 파괴되었다. 그 직후 십자군의 도움을 받아 아르메니아인들은 지중해 동남부 연안에 실리시아를 건설했으나 이 국가도 1375년 맘루크 투르크인들(Mamluk Turks)에게 정복당했다. 조국을 잃은 아르메니아인들은 티플리스, 콘스탄티노플, 예루살렘 등에 흩어져 살았다. 후에는 이스파한(Isfahan), 베니스, 캘커타까지 퍼져서 살았다. 1915년 오스만 제국 내의 아르메니아인들이 추방과 학살을 당한

---

10. 같은 책, 29.

프로메테우스 전설과 카즈베크 봉

그리스 신화에서는 주신(主神) 제우스가 자신의 명을 어기고 인간에게 불을 전해 준 프로메테우스를 오케아노스 강 끝의 카우카소스(카즈베크 봉) 산 정상의 바위에 쇠사슬로 묶어 놓고, 매일 독수리가 날아와 프로메테우스의 간을 먹도록 하고, 밤이 되면 간이 다시 자라나는 형벌을 받게 했다는 이야기가 유명하다. 그리스에서 카우카소스로 부른 산이 바로 카즈베크 산이다. 일부 전설에서는 제우스의 아들인 헤라클레스가 독수리를 죽이고, 헤라클레스의 위업(偉業)을 기뻐한 제우스에 의해 고통에서 해방되었다고 한다. 한편, 프로메테우스가 제우스의 노여움을 산 원인에 관해서는, 제물(祭物)인 짐승 고기의 맛있는 부분을 계략을 써서 제우스보다 인간 편이 더 많이 가지도록 했기 때문이라는 설도 있다. 또한 인간을 흙과 물로 만든 것이 프로메테우스라는 전설도 있다. 프로메테우스의 전설의 조지아 버전인 아미라니(Amirani) 전설이 조지아인들 사이에 전해 온다. 불을 훔쳐서 인간에게 전해준 아미라니가 카즈베크 바위에 묶여 독수리에게 간을 쪼아 먹힌다는 이야기 줄거리는 그리스 신화와 같다.(허승철, 《코카서스 3국 문학 산책》, 27-28)

황금 양털 전설

그리스 신화에서 황금 양털을 가진 양은 현재 조지아의 서부 지방인 콜키스(Colchis) 왕국에 살고 있었다. 황금 양털은 왕권과 권위의 상징이었다. 아버지로부터 이올코스 왕국의 왕좌를 빼앗은 삼촌 펠리아스로부터 자신의 왕권을 상속하려면 황금 양털을 가져오라는 명령을 받은 이아손은 각종 재능과 능력을 가진 50명의 영웅들을 선원으로 모아

프로메테우스 전설 그림

황금양털을 가지고 귀환하는 이아손 그림

아르고(Argo) 호를 타고 현재의 조지아인 콜키스로 향한다. 콜키스 왕의 딸인 메디아이아는 이아손이 자신과 결혼하고 자신을 데려간다는 조건으로 이아손이 황금 양털을 획득하도록 도와준다. 이아손은 약속한 대로 메디아이아를 데리고 귀환하는데, 펠리아스 왕이 약속을 어기고 왕좌를 내놓지 않자 메디아이아는 이아손을 충동하여 펠리아스 왕을 죽이고, 두 사람은 코린토스로 도주한다. 코린토스에 도착한 이후에 일어난 일에 대해서는 여러 가지 버전의 전설이 존재한다.

◆ 1945년 크림반도 얄타회담에 참석한 미국의 루즈벨트 대통령과 영국의 처칠 수상은 지중해의 몰타(Malta)까지 군함으로 이동하여 합류한 뒤, 몰타에서 크림반도까지는 군용기로 이동했는데, 이 극비 작전의 암호명은 '아르고 작전(Operation Argonaut)'이었다.(허승철, 《코카서스 3국 문학 산책》, 74-75)

후 아르메니아 이민 사회는 레바논, 미국 등 전 세계로 확대되었다. 아르메니아인의 2/3는 아르메니아 밖에 살고 있고, 이들의 대부분은 아나톨리아 출신이며, 아르메니아 내에서 쓰이는 말과 차이가 나는 서부 아르메니아 방언을 사용한다. 이민 사회에 정착한 아르메니아인들은 유대인들처럼 부유한 상인, 은행가, 장인으로 성공했다. 아르메니아인들의 자국 역사에 대한 높은 자부심, 동화에 저항하는 경향은 존경과 함께 반감을 불러일으켰다. 러시아의 유대계 시인인 만델슈탐(Osip Mandelstam)은 "아르메니아인들의 강한 생명력, 다듬어지지 않은 상냥함, 고상한 근로 의욕, 형이상학적인 것에 대한 거부감, 실제적인 것에 대한 친숙함"으로 아르메니아인의 특성을 묘사했다.[11]

4. 코카서스 3국 개황

코카서스 3국 전체의 면적은 186,100km^2로 한반도보다 조금 작다. 아제르바이잔이 면적 86,600km^2로 가장 크고, 인구도 천만 명에 육박하지만, 코카서스 3국은 국토, 인구 면에서 작은 나라에 속한다. 조지아인은 국외 거주 인구가 많지 않지만, 아제르바이잔과 아르메니아는 국외 거주 인구가 국내 거주 인구보다 각각 2배, 3배 정도 많다. 이러한 현상은 이 국가들이 걸어온 역사적 노정이 험난했다는 것을 보여주고, 근대 이후 강대국에 의한 국경 획정의 영향도 컸다.

11. 같은 책, 29.

경제력도 산유국인 아제르바이잔을 빼고는 약하고, 아르메니아는 해외 이민 사회의 도움을 크게 받고 있다. 아르메니아의 경제력은 아제르바이잔의 10%에도 미치지 못하지만, 두 나라는 나고르노-카라바크, 나히체반 지역을 둘러싼 분쟁으로 소련 말기부터 준전시 상태를 벗어난 적이 없다.

[표 1] **조지아, 아제르바이잔, 아르메니아 개황**

	조지아	아제르바이잔	아르메니아
면적	67,900㎢	86,600㎢	29,743㎢
인구	472만 명	989만 명	304만 명
인종구성	조지아인-86.8% 아제르바이잔인-6.5% 아르메니아인-4.5% 러시아인-1.5% 기타-2.5%	아제르인-91.60% 레즈긴인-2.02%, 아르메니인-1.35%, 러시아인-1.34%, 탈리시안인-1.26% 기타-2.43%	아르메니아인-98.1% 야지드인(쿠르드인)-1.2%, 러시아인-0.4% 기타 0.3%
종교	조지아정교회-83.9% 이슬람-9.9% 아르메니아교회-3.9% 가톨릭-0.8% 기타-0.8%	이슬람교-96% (시아파-85%, 수니파- 15%) 러시아정교-2.5% 기타-1.5%	아르메니아교회-92.6%, 복음주의교회-1% 기타-5.1%, 무종교-1.1%
GDP(PPP 기준)	398억 달러	1,750억 달러	115억 달러
1인당 GDP(PPP)	10,700 달러	17,857 달러	9,500 달러
산업 비율	농업-8.2% 공업-23.7% 서비스업-67.9%	농업-6.1% 공업,광업-53.5% 서비스업-40.4%	농업-16.7% 공업-28.2% 서비스업-54.8%

주요 산업	농업(오렌지, 포도) 철강, 기계 장비, 전기 제품, 광물, 화학제품, 목재, 와인	농업(야채, 곡물) 석유, 석유제품, 천연가스, 석유채굴장비, 철강, 철광석, 시멘트, 화학, 섬유	브랜디, 광업 장비, 기계-금속 장비. 섬유
주요 수출품	차량, 비철금속, 비료, 견과류, 고철, 금, 동광, 와인	석유, 가스, 석유화학제품	브랜디, 기계-금속 장비
정치 체제	대통령제(임기 6년) 의회 - 단원제(150석)	대통령제(임기 5년, 연임제한 없음) 의회 - 단원제(125석)	대통령제(임기 7년) 의회 - 단원제(132석)
인접국	러시아(국경 894㎞) 아르메니아(219㎞) 아제르바이잔(428㎞) 터키(273㎞)	러시아(국경 338km) 아르메니아(996km) 조지아(428km) 이란(689km) 터키(17km)	조지아(국경 219km) 아제르바이잔(996km) 터키(311km) 이란(44km)
주요 하천	알라지니 강 리오니 강 므트크바리 강 인구리 강 아라그비 강	쿠라 강 아라스 강 카닉스 강 이오리 강	아크랸 강 보로탄 강 아락스 강 흐라즈단 강 아르파 강
지리적 특징	국토의 40%가 숲이고, 10%는 고산 지대. 서부 조지아 저지대와 밍그렐리아 지역은 토양이 비옥하고 기후가 온난하고, 동부 지역의 쿠라 평원은 건조한 기후로 인해 척박한 토양임.	대부분 산악지대이며 카프카스의 남동쪽 경사면은 삼림지대로 동쪽으로 갈수록 지대가 낮아지며 카스피해에 이르고, 남서부는 카라바흐 고원으로 목초지가 주를 이룸	해안이 없는 내륙 국가로, 대부분 산악 지대이며 국토의 86%가 산악 지형임. 스위스와 네팔 같은 산악 국가로 국토 전체가 해발 400미터 이상에 위치

기후	서부 지역: 시원하면서 습한 여름, 눈이 많이 오는 겨울 동부 지역: 대륙성 기후로 더운 여름과 추운 겨울	중서부: 건조 기후 남부: 아열대 기후 북부: 대륙성 기후	고산 지대 기후. 여름 평균 22-36도, 겨울 -5-10도

* 표에 사용된 경제, 인구 자료는 2017년 기준임.

2부

조지아의 역사와 문화

2장 • 조지아의 역사

고대-중세 시대

조지아 지역에 인류가 거주한 역사는 180만 년 전으로 거슬러 올라간다. 드마니시(Dmanisi)에서 발굴된 유골은 아프리카 이외 지역에서 발견된 인류 유골 중 가장 오래된 것이다. 19세기 독일의 인류학자 블루멘바흐(Blumenbach)는 아프리카를 벗어난 인류의 조상이 지중해와 흑해 연안을 따라 남코카서스 지역에 들어와 거주하다가 후에 독일 지역으로 이주해 유럽인의 조상이 되었다고 보았는데, 백인종을 '코케이지언(Caucasian)'이라고 부르는 것은 그의 이론에서 연유한 것이다. 이미 5만 년 전인 구석기 시대에 조지아에는 여러 원시 부족이 살았다는 증거가 있다. 남오세티야와 압하지아의 흑해 연안 지역에서는 구석기 시대에 속하는 석기 유적이 발굴되었다. 기원전 6000-5000년경부터 조지아에는 농경사회가 시작된 것으로 추정된다. 가축을 기르고, 곡식과 포도를 재배한 이 시기 문화는 슐라베리-쇼무(Shulaveri-shomu) 문화라고 불린다. 남코카서스의 전 지역과 동부 아나톨리아에는 기원전 4000년대 후반기부터 후리안 종족

(Hurrian stock)과 인종적으로 관련이 있는 주민들이 거주하였다. 기원전 2100년부터 750년 사이 인도유럽어족에 속하는 히타이티인(Indo-European Hittites)들이 동부 아나톨리아에 들어와 소아시아와 시리아 지역을 지배했다. 히타이트 지배 시대에 조지아는 청동기시대에 들어섰고, 동부 조지아에서는 기원전 1500년경에 트리알레티(Trialeti) 쿠르간(Kurgan, tumulus) 문화가 정점에 도달했다.[1]

기원전 1200년경 디아우헤이(Diauehi)라는 부족 연합체가 형성되었으나, 시간이 지나면서 스반족(Svans), 잔족(Zans 또는 Chans), 동카르트벨리족(East-Kartvelians)으로 분화되었다. 스반족은 현재의 스바네티(Svaneti)와 압하지아(Abkhazia)를 중심으로 거주했고, 잔족은 현재의 사메그렐로(Samegrelo) 지역, 동카르트벨리족은 동부 조지아의 주류 민족이 되었다. 기원전 6세기-1세기에 흑해 연안과 서부 조지아에는 콜키스(Colchis) 왕국이 형성되었다. 서부 조지아 지역에 거주하던 밍글렐리아족(Mingrelians), 라즈족(Lazs), 잔족도 콜키스 왕국 주민이 되었다. 콜키스 왕국은 그리스의 "황금 양털(Golden Fleece)" 신화에도 나온다. 이 시기에 그리스도 흑해 연안 지역에 여러 식민 도시를 건설했다. 나에수스(Naessus), 피티우스(Pitiys), 디오스쿠리아스(Dioscurias, 현재의 수쿠미Sukhumi), 구에노스(Guenos), 파시스(Phasis, 현재의 포티Poti)가 흑해 연안의 대표적 식민도시이다. 동부 지역에서는 기원전 6-4세기 여러 부족이 주도권 쟁탈전을 벌이다가 기원전 3세기 므츠케타(Mtskheta)를 근거지로 한 카르틀리 부족(Kartlians)이 이 지역을 통일하고 카르틀리(Kartli) 왕국(그리스어로는 Iberia)을 건설한다. 카르틀리의 첫 군주 파르나바스 1세(Parnavaz I of Iberia)는 파르나바스 왕조의 시조가 되었다. 기원전

7세기 중반부터 기원전 3세기 중반까지 페르시아 메디아 제국(Median Empire)은 콜키스와 이베리아를 여러 차례 침입하였으나 식민국가로 만들지는 못하였다. 메디아 제국의 20개의 지방국가(satrapy) 중 아르메니아가 13번째 지방, 폰투스가 20번째 지방으로 기록되었고, 콜키스는 페르시아와 조공관계를 유지하였다. 기원전 4세기 말 알렉산더 대왕은 코카서스 남부 지역을 점령하지만 두 왕국을 복속시키지는 못하였다. 그러나 그리스의 문화적 영향은 더욱 커졌다. 콜키스 왕국의 여러 도시에서는 그리스어가 넓게 쓰였지만, 이베리아(카르틀리) 왕국에서는 그리스의 영향력이 덜 했고, 아람어가 널리 쓰였다.

기원전 2세기부터 기원후 2세기까지 두 왕국은 로마, 아르메니아, 폰투스 왕국의 각축지가 되었다. 당시 급격히 국력이 확장된 아르메니아는 이베리아 왕국의 절반 정도를 점령했고, 아르메니아의 동맹국인 폰투스의 미트라데트 4세(Mithridate IV of Pontus)는 콜키스 왕국 전체를 점령한 후 짧은 기간이지만(기원전 120-기원전 63년) 자신의 왕국에 편입시켰다. 기원전 65년 아르메니아와 폰투스 정벌에 나선 로마의 폼페이우스는 아르메니아 세력을 꺾고, 폰투스를 멸망시켰다. 폰투스 왕국에 속해있던 콜키스 왕국은 로마의 지배에 들어가게 되었다. 폼페이우스는 이베리아 왕국까지 진군했으나 완전히 복속시키지는 못하였다. 기원전 36년 다시 원정에 나선 폼페이우스는 이베리아의 파르나바스 2세의 군대를 카스피해 인근 코카서스 알바니아(Caucasian Albania) 원정에 동원했다.

1. 허승철, 《조지아의 역사》, 32-33.

1세기부터 7세기까지 조지아 땅은 로마와 페르시아(파르티아 제국, 사산 왕조)의 치열한 각축장이 되었다. 콜키스 왕국은 로마의 한 지방으로 관리되었고, 이베리아 왕국은 자발적으로 로마의 보호국이 되었다. 1세기 후반에 므츠케타에 만들어진 기념비에는 미드라트 1세(Mihrdrat I, 재위 58-106년)를 "로마 황제들의 친구이자 로마를 사랑하는 이베리아인들의 친구"라고 적고 있다.

2세기에 이베리아는 자신의 지역에서 주도권을 강화했고, 파르스만 2세(Pharsman II)는 로마로부터 완전한 독립을 얻어내고, 세력이 약해진 아르메니아로부터 이전에 빼앗긴 지역을 탈환했다. 3세기 초 로마는 코카서스 알바니아와 아르메니아 대부분 지역을 페르시아 사산 왕조에 넘겨주었다. 로마가 관할하던 이전의 콜키스 왕국 지역인 라지카(Lazica)도 자치권을 되찾았고, 3세기 말에는 라지카-에그리시 왕국(Kingdom of Lazica-Egrisi)을 형성했다. 새로운 서부 조지아 왕국은 562년 다시 비잔틴 제국에 복속될 때까지 약 250년간 독립을 누렸다. 이베리아는 3세기 중반 사산 왕조의 조공국이 되었고, 3세기 후반 조로아스터교가 이베리아에 들어와 큰 영향력을 발휘했다.

기독교 수용과 아랍 지배

298년 로마와 페르시아 간에 니시비스(Nisibis) 강화조약이 체결되면서 로마는 이베리아를 다시 가신국으로 차지하게 되었다. 로마에 의해 이베리아의 왕으로 인정된 미리안 3세는 초스로이드(Chosroid) 왕조 시대를 열었다. 미리안 3세의 업적 중 가장 중요한 것은 기독교를 국교로 받아들인 것이다. 기독교 개종 시기는 317년, 324년, 330

성 니노 초상

년 등 여러 추정이 있으나 4세기 초반 기독교가 이베리아의 국교가 되면서, 조지아는 아르메니아와 함께 기독교를 가장 먼저 수용한 국가가 되었다. 1세기 이후 이베리아에서는 미트라스 숭배(cult of Mithras)와 조로아스터교가 원시 신앙과 함께 주류를 이루고 있었다. 조지아의 전승에 따르면 카파도키아 난민 출신인 여자 노예이자 수녀였던 니노(Nino)가 유대인 공동체에서 기독교를 전파했고, 이어서 미리안 3세를 개종시켰다. 4세기 중반 라지카(Lazica)도 기독교를 받아들이면서 산악 지역을 제외한 조지아 대부분 지역에 기독교가 전파되었고, 이후 비잔틴 제국과의 연계가 강화되면서 비잔틴으로부터 많은 정치적, 문화적 영향을 받았다.

363년 로마 황제 율리우스가 페르시아 원정에서 전사하면서 로마는 이베리아를 다시 페르시아에 넘겨주어, 이베리아는 페르시아의 가신국(vassal)이 되었다. 4세기 중반부터 5세기 말까지 이베리아는 페르시아의 지배를 받았고, 기독교가 위축되고 조로아스터교의 영향력이 커졌다. 5세기 말 바흐탕 1세 고르가살리(Vakhtang I Gorgasali)가 페르시아와 대항하는 봉기를 일으킨 후 자신을 이베리아의 왕으로 선언하였다. 그는 페르시아와 비잔틴에 대항하는 봉기를 여러 차례 일으키며 어느 정도 독립을 되찾았으나, 502년 그가 죽자 이베리아는 다시 페르시아의 영향권 아래 들어갔다. 580년 이베리아 왕조는 철폐되고 페르시아에서 파견한 총독(marzpan)이 이베리아를 통치했다. 591년 페르시아와 비잔틴은 조지아를 양분하여 트빌리시는 페르시아, 므츠케타는 비잔틴의 관할을 받게 되었다. 7세기 말 아랍 세력이 아르메니아를 거쳐 북상하면서 약 2세기 동안 지속되는 아랍 지배 시대가 시작되었다.

8세기 후반부터 아랍 지배 세력에 대한 저항운동과 왕조를 복권하려는 시도가 일어났다. 888년 아다르나세 3세(Adarnase III)는 "이베리아인들의 왕(King of Iberians)"을 칭하며 아랍에 대항하는 봉기를 일으켰다. 그러나 왕조를 복원하려는 움직임은 각기 다른 지역의 주도권을 잡은 바그라트 왕가의 세 분파가 힘을 합치지 못해 큰 효과를 가져오지는 못했다. 1008년 바그라트 3세는 압하지아와 이베리아의 왕권을 차지하면서 바그라트 왕조의 권위는 살아났다. 그는 친척들을 모두 연금시킨 상태에서 아들 게오르그 1세에게 왕권을 물려주었다. 게오르그 1세는 비잔틴 제국이 불가리아와 전쟁을 하는 틈을 타 이베리아(Tao) 지역을 공격하고 조지아 서남부 대부분을 장악했으나, 비잔틴의 바실 2세가 다시 원정을 오면서 이 지역을 상실했다. 게오르그 1세의 아들(바그라트 4세)은 인질로 콘스탄티노플에 잡혀갔다.

1027년 게오르그 1세의 뒤를 이어 왕위에 오른 바그라트 4세는 조지아 땅을 본격적으로 통합하려고 시도했다. 11세기 중반 셀주크 제국이 급격히 세력을 확장하며 중앙아시아와 페르시아에 걸친 대제국을 건설하자, 바그라트 4세는 비잔틴 제국과 동맹을 맺었다. 그는 자신의 딸 마르타를 비잔틴의 미하일 7세 두카스(Michael VII Ducas)에게 시집보내 동맹을 강화했다. 그러나 1070년대부터 셀주크 제국은 여러 차례 조지아 지역을 침입하여 엄청난 피해를 입혔다. 이 시기를 조지아인들은 "대터키 침략(Great Turkish Invasion)" 시대라고 부른다. 셀주크의 압박에 굴복한 조지아인들은 1080년부터 매년 엄청난 조공을 바치며 평화를 유지했다.

다비트 대왕과 중세 전성기

게오르그 2세의 뒤를 이어 1089년 16세의 나이에 왕위에 오른 다비트 4세(David IV)는 셀주크의 지배를 벗어나기 위해 정규군과 농민 민병대를 조직하였다. 1096-1099년 다비트 4세는 아나톨리아 지역으로 1차 십자군 원정을 떠났다. 1099년 셀주크에게 매년 바치던 조공을 중단하고 조지아 지역 대부분을 셀주크로부터 해방시켰다. 그러나 트빌리시와 헤레티(Hereti) 지역은 여전히 셀주크가 장악하고 있었다. 1103년 다비트는 조지아 교회를 다시 조직하고 총주교를 임명하였다. 1110-1118년까지 다비트는 로리(Lori), 삼쉬빌리(Samshvili), 루즈타비(Rustavi)와 카르틀리 남부 지방을 탈환하였다. 1118-19년 다비트는 4만 명의 킵차크 용병을 가족과 함께 초청하였고, 이 시기 독일, 이탈리아, 스칸디나비아에서도 용병이 왔다. 1121년 셀주크 술탄 마흐무드(Mahmud)는 조지아에 성전(jihad)을 선포하고 대규모 군대를 이끌고 침입했으나, 다비트의 군대는 수적 열세에도 불구하고 디드고리(Didgori) 전투에서 셀주크군을 격파했다. 1122년 다비트는 트빌리시를 탈환하고 왕국의 수도로 삼았다. 다비트는 아르메니아 지역으로도 진출하여 1124년 아르메니아의 왕좌도 차지했다. 1125년 다비트가 죽었을 때, 조지아는 남코카서스 지역 대부분을 장악한 지역 강국이 되었다. 이러한 공로로 다비트는 "건설자(Agmashenebeli)"라고 불린다. 다비트 4세의 뒤를 이은 데메테르 1세, 다비트 5세, 기오르기 3세는 팽창 정책을 계속 추진해 산악 지역과 북코카서스 일부 지역을 점령하고, 시르반도 완전히 회복했다. 그러나 조지아는 다비트 4세의 고손녀인 타마르(Tamar, 재위 1184-1213년) 여왕 시대에 중세 최고의 전성기를 맞는다. 타마르는 1194-1204년 터키족의 침입을 격퇴하고 터키가 장악한 남부 아르메니아로 원정하여 이 지역을 장악했다. 1204년 비잔틴제국이 일시적으로 십자군 손에 떨어지면서 불가리아와 조지아가 유럽 남서부의 가장 강력한 기독교 국가가 되었다. 타마르 여왕은 터키 북동부 지역을 정복하여 트레비존드 제국(Empire of Trebizond)을 건설하고 자신의 친척인 콤네소스(Komnesos)를 분

다비트 4세 초상

타마르 여왕 초상

봉왕으로 앉혔다. 1210년 경 최고의 전성기에 타마르 여왕은 "압하지아인, 카르트벨리인, 란인(Rans), 카흐인(Kakhs), 아르메니아인, 시르반-샤히네인들(Shirvan-Shakhine)의 왕, 동방과 서방의 왕"이라고 불렸다. 12세기 초부터 13세기 초까지 중세 전성기를 맞은 조지아는 건축, 문화, 철학, 과학 분야에서도 황금시대를 꽃피웠다.

중세 조지아의 전성기는 타마르 여왕 사후 몽골의 침입으로 급격히 막을 내린다. 1220년대 남코카서스 지역과 소아시아 지역은 몽골의 침공을 받았다. 조지아와 아르메니아가 몽골에 대항하여 거세

겔라티 성당

게 저항했지만, 조지아 대부분 지역, 아르메니아 전 지역, 중부 아나톨리아 지역은 몽골의 지배에 들어갔다. 1243년 조지아의 루수단(Rusudan) 여왕은 몽골과 강화조약을 맺고 조지아 절반 정도 지역의 몽골 지역의 지배를 인정하고, 서부 시르반, 나히체반 등에 대한 보호권을 포기하고, 몽골에 조공을 바치기로 하였다. 직접적인 몽골 지배에 들어가지 않았던 지역도 독자적으로 몽골과 관계를 맺으며 왕국에서 이탈하여, 1266년 조지아 남부 지역의 삼츠케는 조지아에서 분리되었다. 1259-1330년 조지아인들은 몽골의 일 칸국에 대항하여 여러 차례 봉기를 일으켰다. 1259년 다비트 6세(David VI Narin)은 몽골에 대한 봉기를 일으킨 후 약 30년간 대몽고 투쟁을 이어갔다. 데메트레 2세(재위 1270-1289년), 다비트 8세(재위 1292-1308년)도 대몽고 투쟁을 이어 나갔고, "빛나는" 기오르기왕(King Georgii Brilliant, 재위 1314-1346년) 시기에 조공 제공을 중단하고 일 칸국 지배를 벗어나서 1220년 이전의 국토를 회복했다. 1386-1403년 사이 조지아는 여덟 번이나 티무르(Tamerlane)가 이끄는 터키-몽골족 침입을 받았다. 티무르의 손이 미치지 않은 서쪽의 압하지아와 산악 지역의 스바네티를 빼고 조지아 대부분 지역은 큰 피해를 당했다.

15-18세기

15-18세기 약 3백 년 동안 조지아는 오스만 제국과 페르시아 사파비드 왕조에 의해 분리 지배되었다. 1453년 콘스탄티노플이 오스만 제국에 점령되면서 조지아는 흑해 지역을 상실했다. 페르시아의 지배에 들어간 지역은 페르시아 제국 지방으로 편입되어 총독들의 지배를 받았다. 1460년대 조지아는 카르틀리, 카테티, 이메레티 3왕국과 구리아, 스바네티, 메쉬케티, 압하지아, 사메그렐로 7지방으로 분열되었다. 15세기 말 오스만 제국은 조지아 서부와 남부 지역을 장악하기 시작했고, 페르시아 사파비드 왕조는 16세기 초에 동부 조지아를 장악하여 제국의 지방으로 편입시켰다. 두 제국은 1555년 아마사(Amasya) 조약을 맺고 조지아를 영향권(sphere of influence)으로 나누었다. 서부의 이메레티 왕국 지역은 오스만 제국의 지배에 들어가고, 동부의 카르틀리-카헤티 지역은 페르시아에 편입되었다. 동부 조지아 지역은 이때부터 18세기 중엽까지 약 200년간 페르시아의 지배를 받게 되었다. 페르시아 지배를 받는 동안 간헐적으로 봉기가 일어났으나 대부분 진압되었다. 테이무라즈 1세(Teimuraz I) 때 페르시

아의 샤 아바스(Shah Abbas)는 대규모 군대를 보내 트빌리시를 공격하여 13-20만 명의 시민을 살상하고, 카헤티 지역 주민을 대규모로 페르시아로 이주시키기도 했다. 이때 테이무라즈의 모친인 케테반(Ketevan)은 기독교를 배교할 것을 종용받았으나 이를 거부하고 순교했다.

18세기 초 사파비 왕조가 약해진 틈을 타서 바흐탕 6세는 독자적 권위를 회복하고, 새로운 법전을 제정하고 경제를 부흥시키는 데 노력을 집중했다. 1709년 조지아에는 최초의 인쇄소가 설립되어 문화 발전에 기여했다. 사파비 왕조 내의 내분과 투쟁으로 왕조가 전복되자 1724년 러시아와 터키는 콘스탄티노플 조약을 맺고 조지아를 양분하여 자신들의 세력권에 포함시켰다. 페르시아는 샤 나데르(Shah Nader) 때 다시 국력을 회복하여 조지아 지역을 점령했다. 이때 테이무라즈 2세와 에리클레 2세(Erekle II)는 페르시아와 협력하여 다른 세력들을 누르고, 각각 카르틀리와 카헤티의 통치권을 위임받았다. 1747년 나데르가 암살당하고 페르시아가 다시 내분에 휩싸이자 두 군주는 페르시아의 영향력에서 벗어나기 위해 힘을 합쳤다. 1752년 두 군주는 세력이 급격히 강해진 러시아에 사절을 보내 조지아에 3천 명의 군대를 지원하고, 또 체르케스인들을 용병으로 조지아에 불러들일 수 있게 해달라고 청원했다. 하지만 유럽 문제에 발이 묶인 러시아는 이 요청을 받아들일 수 없었다. 1762년 테이무라즈가 죽자 헤라클리우스가 카르틀리의 왕좌도 차지했다. 이렇게 해서 300년 만에 동부 조지아에는 통합 왕국이 출범하게 되었다. 에리클레 2세는 1762-98년 카르틀리-카헤티를 이끌며 정치적 통합을 가속화하고, 터키와 페르시아에 대항할 힘을 쌓았다. 그는 러시아의 예카테리나 여제에게 군사적 보호를 요청했으나 러시아는 적은 수의 병력을 보내고, 이마저도 얼마 있지 않아 철수시켰다.

러시아 지배

1783년 에리클레 2세는 러시아와 게오르기엡스크 조약(Treaty of Georgievskii)을 체결하고 러시아의 보호령(protectorate)이 되었다. 조지아는 영토적 통합성과 바그라트 왕조의 왕위 계승권을 인정받는 대신 외교권을 러시아에 넘겨주었다. 에리클레 2세 사망 후 조지아는 왕족들 간에 내분에 휩싸였는데, 1801년 1월 러시아의 차르 파벨 1세는 카르틀리-카헤티를 러시아에 병합시키는 포고령을 발표했고, 이 해 12월 새로 차르가 된 알렉산드르 1세는 조지아의 복속을 확정했다. 1804-13년 러시아와 페르시아 사이의 전쟁에서 러시아가 승리하면서 1813년 양국 간에 굴리스탄 조약(Treaty of Gulistan)이 체결되었고, 페르시아는 동부 조지아와 남부 조지아에 대한 영향력을 상실하였다. 러시아는 서부의 이메레티 왕국도 솔로몬 2세(Solomon II)의 저항을 누르고 병합시켰다. 러시아는 19세기 초중반 터키와의 여러 차례의 전쟁을 승리로 이끌며 터키의 영향권 아래 있던 지역도 병합했다. 현 조지아의 거의 모든 지역이 러시아의 영향권 아래 들어오면서 조지아는 약 6백 년 만에 하나로 통합되었으나 정치적 자유는 완전히 잃게 되었다.

19세기 초반 제정 러시아 식민 당국은 조지아 문화에 대한 몰이해와 강압적 정책으로 여러 차례 저항을 맞았다. 1832년 조지아 귀족들이 조직한 봉기와 1841년 구리아 지방에서 농민과 귀족이 함께 일으킨 봉기는 쉽게 진압되었다. 이후 조지아 귀족들은 러시아 식민 당국에 협조하는 길로 들어서 행정 관료가 되거나 제정 러시아군의 장군이 되어 터키 원정이나 북코카서스 부족 진압에 많은 공을 세웠다. 1845년 코카서스 총독으로 임명된 미하일 보론초프(Mikhail Vorontsov)는 포용적인 식민 정책을 펴서 조지아 귀족들의 환심을 샀고, 러시아 문화를 급속히 확산시켰다. 조지아 귀족들은 이전의 페르시아 문화를 버리고 러시아 문화에 빠르게 동화되어 갔다.

크림 전쟁에서 패배한 러시아는 사회 개혁의 일환으로 1861년 농노 해방을 단행했다. 1856년 8월 러시아 차르 알렉산드르 2세가 코카서스 총독으로 임명한 바랴친스키(Aleksandr Bariatinskii) 공은 러시아를 모델로 한 개혁을 시작했다. 그는 조지아 귀족 키피아니(Dimitri Kipiani)가 이끄는 농노제 철폐를 위해 위원회를 구성하고, 6개월 내에 개혁 프로그램을 마련하도록 했다. 키피아니는 전통적인 귀족들의 권리와 책임을 고려하여, 농민에 대한 지배권을 상실하는 것에 대한 적절한 보상이 있어야 하며, 토지에 대한 소유권은 그대로 유지되어야 한다고 주장했다.[2] 1863년 가을 토론 과정이 끝나고, 여러 가지 제안들이 '트랜스코카서스 지주농민 개혁위원회'에 제출되었지만, 1863년 바랴친스키가 건강과 개인적 사유로 코카서스 총독직을 사임하고, 후임으로 황제의 동생인 미하일 미콜라예비치(Mikhail Nikolaevich) 대공이 총독으로 부임하면서 위원회의 건의안과 내용이 많이 다른 농노제 폐지안이 확정되었다. 정부 개혁안의 핵심 내용은, 농민들이 토지에서 분리되어 유랑하는 농노가 되는 것을 막기 위해, 농민들이 지주의 땅을 분할하여 할당받는 대신 그 대가를 지주에게 지불한다는 것이었다. 1864년 10월 13일, 러시아 황제 알렉산드르 2세는 조지아의 농노해방령에 서명했다.[3]

19세기 후반 문화 운동과 혁명 운동

1855년부터 1907년까지 조지아에는 문화 부흥 운동과 민족 자주 운동이 일어났다. 조지아 민족 운동을 시작한 것은 1860년대 상트 페테르부르크에서 수학하던 약 30여 명의 조지아 학생들이었다. 조지아 학생 조직은 초기에는 비교적 고립되어 있었지만, 1861년 여름 이후 러시아와 폴란드 학생들의 급진적 경향은 일부 조지아 학생들에게 영향을 미치기 시작했다. 조지아 학생들 중 가장 열정적이고 정치적으로 활발한 활동을 펼친 것은 니코 니콜라제(Niko Nikoladze, 1843-1928년)였고, 아카키 체레텔리(Akaki Tsereteli)도 조지아 학생 그룹을 이끌었다. 조지아로 돌아온 젊은 지식인들은 조지아의 상황에 크게 낙담했다. 그러나 이들은 정치, 경제 개혁 운동에 힘을 쏟는 대신, 문화, 교육, 언론과 문학 활동에 노력을 기울였다.[4]

1853년부터 1856년까지 희곡 작가 에리스타비(Griogi Eristavi)가 발간한《여명(Tsiskari)》은 조지아 문화 운동에 큰 역할을 했다. 1857년부터는 케레셀리제(Ivne Kereselidze)가 편집을 맡아 1875년까지 발행하였다.

2. 같은 책, 115.

3. 같은 책, 119.

4. 허승철, 125.

그러나 보수적 성향이 강한 이 잡지에 반발한 차브차바제가 이끄는 젊은 세대는 조지아어의 구어체(dabali)를 써서 산문과 시를 발표했다. 젊은 세대 지식인들은 별도로 《조지아 헤럴드(Sakartvelos Moambe)》라는 잡지를 창간하였다. 젊은 시절부터 시인으로 활동해 온 차브차바제는 민속학에 관심을 갖기 시작하여, 조지아어의 각종 방언과 민중 시가, 음악을 수집하고 연구했다. 그러나 그는 조지아 귀족은행(Georgian Bank of Nobles)의 운영에 헌신하며 조지아의 문맹퇴치 운동에 힘을 쏟는 등 기본적으로 보수주의적 노선을 크게 이탈하지는 않았다. '2세대(meore dasi)'라고 불리는 개혁 성향이 강한 젊은 지식인들은 티플리스에서 《시간(droeba)》이라는 신문을 창간했다. 이들은 도시민들의 계몽 운동에 집중하며 유럽에서 진행되는 새로운 경제, 정치 상황에 주의를 기울였다.[5]

차브차바제는 1877년 《이베리아(Iveria, 1877-1906년)》지를 창간해서 당시에 가장 영향력 있는 신문으로 키웠고, 비슷한 기오르기 체레텔리(Georgi Tsereteli)도 신문 《쟁기》를 창간하여 두 사람은 서로 경쟁하고 협력하며 조지아 민족 운동을 이끌었다. 이 두 신문에 작품을 실은 젊은 문학도 중 이오시프 주가쉬빌리(Iosif Jugashvili)가 있었다. 당시 신학생으로 후에 스탈린으로 이름을 개명하는 그는 두 신문에 다섯 편의 시를 발표했지만, 급진적 혁명에 뛰어들면서 문학도의 길을 접었다. 19세기 말의 저명한 작가와 시인으로는 야콥 고베가쉬빌리(Iakov Gobegashvili), 이바네 마차벨리(Ivane Machabeli), 알렉산드르 카즈베기(Aleksandre Q'azbegi, 1848-93년), 아카키 체레텔리(Akaki Tsereteli), 바자-프샤벨라(Vazha-Pshavela, 1861-1915년)를 꼽을 수 있다.

이오시프 주가쉬빌리(스탈린)

1870년대 조지아 지식인 사회는 크게 세 그룹으로 나뉘어 활동했다. 차브차바제가 이끄는 우파 지식인들은 복고적 민족주의를 지향했고, 니콜라제가 이끄는 자유주의적 개혁파가 중도 노선을 걸었다. 좌파 쪽으로는 러시아 민중주의와 마르크시즘에 영향을 받은 혁명적 그룹이 있었다. 좌파 그룹은 제정러시아가 전복되어야 조지아 인민들의 해방이 가능하다고 보았다. 1880년대 한때 위축되었던 좌파 운동은 1890년대 초반 조르다니야(Noe Zordaniia, 1868-1953년), 마카라제(Pilipe Makharadze, 1868-1941년)가 귀국하면서 다시 활발해졌고, 이들은 트빌리시에 마르크시스트 운동의 씨앗을 뿌렸다. 1890년대에는 트빌리시 철도 노동자가 주동한 파업을 비롯하여 여러 공장과 기업에서 노동자들의 파업이 연이어 일어났다. 20세기로 들어오며 마르크시즘은 트빌리시, 바투미, 쿠타이시를 비롯한 도시 지역 노동자들이 의식화와 정치 참여에 큰 역할을 했다. 1905년에는 러시아 사회혁명당의 멘셰비키파와 연계된 마르크시스트들이 대중적 민족해방 운동의 지도자 역할을 하게 되었고, 조지아의 사회주의 운동에서 큰 역할을 한 멘셰비키파는 1917년 내전 후 볼셰비키파에 패하여 국외로 망명하였다. 1914년 8월 1차 대전이 발발하자 남부 코카서스에는 엔베르 파샤(Enver Pasha)가 이끄는 터키군

5. 같은 책, 126.

이 진입하면서 교전 지역이 되었다. 그러나 조지아의 사회민주당원들은 러시아 정부의 전쟁 노력을 지원하지 않으면서 전쟁에서 일정한 거리를 두었다.

러시아 혁명과 소련 시대

1917년 10월 혁명으로 차르 체제가 전복되자 러시아 내전이 시작되고, 각 지역에서는 민족 공화국 수립 선언이 잇따랐다. 멘셰비키가 주도권을 잡고 있던 조지아는 모스크바의 볼셰비키 정권을 인정하지 않았다. 1918년 초 볼셰비키 정권이 독일과 강화 조약을 추진하자 터키군이 남코카서스 지역으로 진입했다. 4월 22일 터키의 압력으로 트랜스코카서스 민주연방공화국(Democratic Federativ Republic of Transcaucasia)이 출범했지만, 이 연합공화국이 지속될 수 없다고 본 조지아 지도자들은 1918년 5월 26일 조지아 공화국 설립을 선포했다. 라미쉬빌리(Noe Ramishvili)가 공화국 초대 수상으로 취임했고, 츠켄켈리(Akaki Tskenkeli)가 외무장관을 맡았다. 신생 조지아 공화국은 독일의 도움을 받기 위해 비밀협상을 벌였다. 독일이 조지아를 승인하고 터키의 영토 요구를 막아주는 대신, 조지아는 독일이 자국 내 철도 시설과 항구를 이용하고 자원 채굴권을 인정하는 것이 주 내용이었다. 1918년 6월 독일은 조지아를 정식으로 승인하고, 독일군이 조지아에 들어왔다. 그러나 조지아가 협상을 시작할 당시에는 전쟁에서 승리할 것으로 예상되었던 독일이 11월 연합국 측에 강화를 요청하게 되면서 독일군은 철수하고 대신 영국군이 들어왔다. 1919년 파리강화조약에 코카서스 3국은 모두 대표단을 파견하였다. 1919년 1월 12

일 조지아와 아르메니아가, 1월 19일에는 아제르바이잔이 승전국들로부터 국가 승인을 받았다. 그러나 영국이 코카서스에서 손을 떼기로 하면서 영국군이 철수하고 대신 소련의 영향력이 커졌다. 1918년 여름 볼셰비키군은 바쿠에 진입하여 터키계 정부를 해산하고 소비에트공화국을 수립했다. 러시아 내전에서 적군(赤軍)의 승리가 확실해진 1920년 12월 아르메니아에도 소비에트 공화국이 설립되었다. 조지아는 남동부에서 공산 정권에 포위된 상태에 처했다. 1921년 2월 적군이 아제르바이잔으로부터 침공해 들어왔다. 조지아의 멘셰비키 정권은 모스크바와의 협상을 통해 정권을 유지하려고 노력하였으나 실패하였고, 3월 멘셰비키 지도자 조르다니야와 조지아 공화국 수뇌부는 바투미에서 배를 타고 유럽으로 망명하였다. 조지아 3국을 장악한 볼셰비키 정권은 철도, 세관, 출입국 장벽을 철폐하며 행정통합의 길에 나섰다. 그러나 3국 사이의 국경을 확정하는 일과 로리, 카라바흐, 나히체반 등의 영토 관할권 확정 등은 쉽게 이루어지지 않았다. 3국의 독자성을 유지하는 방안과 연방을 결성하는 방안을 놓고 치열한 논쟁이 벌어졌으나, 결국 후자가 채택되어 1922년 3월 12일 3국 대표는 '트랜스코카서스 소비에트 사회주의 공화국 연방(Federal Union of Soviet Socialist Republics of Transcaucasia)'안에 서명하였다.

1924년 1월 소연방이 수립되자 소수민족을 소연방에 효과적으로 통합시키기 위한 유화정책인 '토착화 정책(korenizatsiia)'을 폈다. 조지아어 장려 등 조지아의 민족문화 발전을 위한 조치와 동시에 조지아인들이 정치에서 차지하는 비중도 커졌다. 문맹 퇴치 운동이 벌어져 10년 동안 약 50만 명의 주민이 읽기·쓰기 교육을 받았고, 1918년 설

럽된 트빌리시대학은 인재양성의 요람이 되어, 1923년에는 약 4천 명의 조지아 학생이 수학하였다.

경제 부문에서는 사회주의화가 진행되었다. 1923년 지주와 이전 귀족들의 모든 재산을 몰수하여 국유화하였다. 1925년부터 경제 회복이 눈에 띄게 진척되어 농업 생산은 1차 대전 전의 93%를 회복하고, 공업도 86%까지 회복되었다. 그러나 1927년부터 식량 부족과 강제적 집단화 정책 수행으로 조지아 농촌은 큰 어려움을 겪었다. 집단화에 반발한 농민들은 자신들이 키우던 가축을 도살하여 1929-30년 가축 수는 절반으로 줄어들었다. 그러나 농민들의 반발에도 불구하고 집단화는 강압적으로 진행되어 1929년 10월 3.5%에 불과하던 집단화율은 1930년 3월 63.7%까지 진행되었다. 이 시기 가장 중요한 외국 투자는 치아투라(Chiatura) 지역의 망간 광산에 대한 미국의 투자였다. 모스크바 당국은 후에 소련 주재 미국 대사를 맡게 되는 미국 사업가 애버렐 해리먼(Averell Harriman)과 협상을 벌여 망간 광산에 백만 달러의 투자를 유치하고, 광산에서 포티 항까지 철도 건설에 추가로 백만 달러의 투자를 받았다. 이 투자에 힘입어 망간 생산량은 연간 30만 톤에서 50만 톤으로 늘어났다.

집단화와 함께 진행된 문화혁명(1928-31년)으로 인해 민족주의 성향을 가진 지식인과 작가들이 대거 탄압을 받았다. 콘스탄틴 감사후르디아를 비롯한 저명한 작가, 시인 등이 작가동맹에서 축출되고, 다른 건축가, 예술가들도 비판을 받았다. 1931년에는 트빌리시 국립대학 설립자로 총장을 맡아온 자바카쉬빌리(Ivane Javakhishvili)도 해임당했다.

영화 〈이너써클〉(1991) 속 베리야

1933-34년에 소련 전역에서 진행된 '당 청소(chistka)' 시기에 조지아의 공산당원 약 16%가 숙청당했으나, 이것은 1936-38년의 대숙청의 전주곡에 불과했다. 조지아의 대숙청을 주도한 것은 스탈린의 오른팔인 라브렌티 베리야였다. 그는 1931년부터 1938년까지 조지아 공산당을 이끌었다. 1899년 수쿠미 인근에서 태어난 그는 1917년 볼셰비키에 가담했다. 1926년 조지아 비밀경찰(GPU) 수장이 된 후, 스탈린의 신임을 바탕으로 코카서스 최고의 실력자가 되었다. 그는 1937년 5월 조지아공산당 대회에서 대부분의 조지아 작가, 시인, 예술가들이 반소비에트적이었다고 지적하며 본격적인 숙청 작업에 나섰다. 처음에는 대표적 반당 인사를 제거하는 것이 숙청의 목표가 되었으나, 점차 하위 당원, 관료에게까지 숙청이 확장되었다. 약 2년간 약 260개 공산당 기구의 책임자가 경질되었고, 숙청된 공산당원들의 자리를 채우기 위해 조지아에서만 약 만 8천 명의 새로운 당원이 충원되었다. 1938년 8월 베리야는 예조프의 뒤를 이어 소련 전체 비밀경찰의 책임자가 되어 모스크바로 영전해 갔다. 베리야의 부하들은 모스크바, 레닌그라드, 벨라루스, 연해주의 비밀경찰 책임자로 영전되었다.

2차 대전과 전후 시기의 조지아

1941년 6월 22일 소련을 침공한 독일군의 남부방면군은 우크라이

나를 점령한 후 코카서스 지역으로 진격해왔다. 소련군의 전쟁 수행에 타격을 주기 위해 바쿠 유전 지대를 향해 진격하던 독일군은 러시아군의 강력한 저항에 막혀 코카서스 산맥 북쪽에서 더 이상 나가지를 못했다. 조지아에서는 약 60만 명의 조지아 병사가 전선으로 보내졌고, 약 30만 명이 전사했다. 조지아는 후방 기지로서 전방에 섬유와 탄약을 공급했다. 일부 조지아인들은 독일군에 조지아 여단(Georgian Legioon)으로 편성되어 소련군에 대항해 싸웠다. 2차 대전으로 인해 인구와 산업 생산도 약 20%가 감소하였고, 1947년이 되어서야 전쟁 전 수준을 회복했다.

1953년 3월 스탈린이 사망하자, 베리야도 체포되어 6월에 처형당했다. 그해 9월 흐루쇼프의 측근인 므자나바제(Vasili Mzhanavadze)가 조지아 공산당 제1서기로 파견되어 베리아 잔존 세력에 대한 숙청 작업을 수행했다. 흐루쇼프가 시작한 '해빙' 무드에 힘입어 조지아 내 소수민족들의 지위도 향상되었다. 압하지아 자치공화국과 남오세티야의 학교 교육체제가 개선되고, 러시아어, 압하즈어, 아제르어, 조지아어 신문들이 새로 발행되었다.

1960년대 조지아의 경제성장률은 소련 공화국 중에 가장 낮은 편에 속했으나, 주택, 차량 소유 비율은 높았다. 이것은 공식 경제보다 지하경제(shadow economy)가 활발히 발달했다는 것을 의미했다. 이에 따라 부패도 만연했다. 1964년부터 1972년까지 조지아의 내무장관을 맡은 에두아르드 셰바르드나제(Eduard Shevardnadze)는 부패와의 전쟁을 선포하고, 부패 고리의 핵심인 무자바나제(Vasil Mzhavanadze) 당 제1서기를 제거했고, 이에 모스크바는 셰바르드나제를 당 제1서기로 임명했다. 그는 1972년부터 고르바초프에 의해 소련 외무장관으로 발탁된 1985년까지 조지아를 이끌며 여러 개혁 조치를 단행하고, 부패한 관리들을 숙청했다. 1978년 공화국 헌법 개정 때 모스크바가 헌법에 보장된 조지아어의 지위를 격하하려고 하자, 군중들은 이에 항의하는 시위를 벌였다. 모스크바는 헌법적 지위 회복을 주장하는 셰바르나드제의 건의를 받아들여 헌법 조항을 복원했다. 대규모 시위가 일어난 4월 14일은 '조지아어의 날'로 기념되었다. 1985년 셰바르드나제의 뒤를 이어 당 제1서기가 된 파타쉬빌리(Jumber Patiashvili)는 큰 능력을 발휘하지 못하였고, 페레스트로이카로 시작된 개혁 무드를 피상적으로 지원했다. 1980년대 후반 민족운동이 격화되면서 소수민족 지역, 특히 남오세티야의 분리운동도 격화되었다. 1989년 4월 9일 트빌리시 정부 건물 앞에서 진행된 시위를 소련군이 강제 진압하면서 20여 명의 시위대가 사망하고, 100여 명이 부상을 입는 사건이 발생했다. 이 사건으로 민족운동은 급진적 성향을 띠게 되었다.

독립 조지아

1980년대 말 조지아 민족 운동을 이끈 두 지도자는 콘스탄틴 감사후르디아의 아들인 즈비아드 감사후르디아(Zviad Gamsakhurdia)와 메라프 코스타바(Merab Kostava)였다. 1990년 10월 28일 치러진 선거에서 '원탁회의(Round Table)'와 '자유 조지아(Free Georgia)' 연합은 총 투표의 54%를 얻어 250석의 의회 의석 중 155석을 차지하게 되었다. 30%의 표를 얻은 공산당은 64석을 얻는 데 그쳤다. 반체제 인사였던 즈비아드 감사후르디아가 의회격인 최고회의의 의장이 되었다. 1991

년 3월 31일 감사후르디아는 독립 찬반 여부를 묻는 국민투표를 실시했고, 투표자의 98.9%가 독립을 찬성했다. 4월 9일 조지아는 소연방으로부터의 독립을 선언했다. 그러나 조지아의 공식적 독립은 소연방이 공식 해체된 1991년 12월 25일 달성되었다. 1991년 5월 26일 실시된 대통령 선거에서 감사후르디아는 86%의 압도적 지지를 받으며 대통령에 선출되었다. 감사후르디아는 소련의 잔재를 없애고 완전한 독립을 확보하기 위해 조지아 내 소련군 기지를 폐쇄하고, 구소련 구성 공화국들이 결성한 독립국가연합(CIS Commonwealth of Independent States)에도 가입하지 않았다. 그러나 감사후르디아의 자의적이고 권위적인 리더십은 많은 반발을 일으켜서 민족주의자들과 개혁주의자들은 반(反)감사후르디아 연대를 결성했다. 소련 군부대에서 나온 무기로 무장한 두 세력이 대치하면서 점점 불안은 폭력적 양상을 띠기 시작했다. 1991년 12월 22일 반감사후르디아 집단은 무장 쿠데타를 일으켰고, 정부 건물에 피신해 있던 감사후르디아는 1992년 1월 북코카서스의 체첸 공화국으로 도주했다. 잠시의 혼란기 후 3월 새 정부는 예두아르트 셰바르드나제를 초빙해 최고 권력기관인 국가평의회 의장을 맡게 했다.

1992년 8월 분리독립을 주장해온 압하지아에서 무장 폭동이 일어나 정부군과 충돌했다. 1년 가까운 내전 상태가 지속되다가 1993년 정부군이 결정적 패배를 당하면서 압하지아에서 철수했고, 압하지아에 고립되었던 셰바르드나제도 헬리콥터로 극적으로 탈출했다. 압하지아 내전으로 약 14,000명이 사망하고, 약 30만 명의 난민이 압하지아를 탈출했다. 남오세티야의 혼란도 격화되어 수백 명의 사상

내전으로 파괴된 수쿠미 건물

예두아르트 셰바르드나제

즈비아드 감사후르디아

자가 발생하고, 약 10만 명의 조지아계 난민이 조지아로 탈출했지만, 분리독립 운동은 결국 진압되었다. 남서부의 아자리아(Ajaria) 자치공화국에서는 아슬란 아바쉬제(Aslan Abashidze)가 1991년부터 2004년까지 독재적 지도자로 군림했으나, 정부군이 진입해 아자리아 사태를 평정하고 아자리아는 다시 조지아에 편입되었다. 압하지아 내전에서 정부군이 패한 1993년 8월 체첸에 망명 중이던 감사후르디아가 조지아로 들어와 반정부 봉기를 조직하며 서부 지역을 장악했다. 이 사태에 놀란 러시아, 아르메니아, 아제르바이잔은 군대를 보내 감사후르디아 세력을 진압했다. 감사후르디아는 1993년 12월 31일 분명치 않은 상황에서 총상을 입고 사망했다. 1995년 셰바르드나제를 겨냥한 폭탄 테러가 있었으나 그는 다행히 이를 피했고, 이를 이유로 무장 민병대를 이끌던 자바 요셀리아니(Jaba Ioseliani)를 체포했다. 셰바르드나제는 1995년 11월 대선 승리에 이어 2000년 4월 재임에 성공하였으나, 선거 조작 의구심이 일었다. 셰바르드나제의 집권이 길어질수록 일가와 측근의 부패와 비리가 확대되어 민심이 이반되었고, 반대자들은 야당 세력을 결집하여 반정부 운동에 나섰다.

조지아는 2000년대 초부터 친서방 정책을 추진하였다. 러시아는 체첸 전쟁 시기 조지아가 체첸 반군의 후방기지 역할을 한다며 조지아를 비난하였다. 미국은 코카서스에 세력을 확대하는 러시아에 대한 전략적 균형추로 조지아를 지원하는 정책을 폈다. 조지아는 구소련권에서 미국의 민간, 군수 원조를 가장 많이 받는 국가 중 하나가 되었고, NATO와는 전략적 동반자관계(Strategic partnership)을 맺었다. 조지아는 EU와 NATO 가입을 대외정책의 기본 목표로 삼았다.

미국은 조지아군을 훈련시키기 위해 '조지아 훈련 및 장비 프로그램(Georgia Train and Equip Program)'의 일환으로 수백 명의 군사고문단을 파견했다. 또한 조지아는 카스피해의 가스를 조지아를 통해 지중해로 연결하는 약 30억 달러의 '바쿠-트빌리시-세이한 가스파이프 프로그램(BTC)'에 참여하게 되었다.

2003년 11월 2일 총선에 미하일 사카슈빌리(Mikheil Saakashvili)와 주라브 즈바니아(Zurab Zhvania)가 이끄는 야당 세력이 셰바르드나제 정권에 도전을 했으나 광범위한 선거 조작이 행해졌다. 야당 세력은 바로 가두시위를 시작하여 11월 23일 시위대가 의회로 진입하자 의회에서 연설 중이던 셰바르드나제는 피신하고 대통령직을 사임했다. 조지아의 부패 정권 교체는 "장미 혁명(Rose Revolution)"이라고 불리며 키르기지아, 우크라이나 시민 혁명의 선구가 되었다. 조지아의 임시 대통령으로 니노 부랴나제(Nino Burjanadze)가 취임하고, 대법원은 총선 무효를 선언했다. 2004년 1월 4일 치러진 대통령 선거에서 사카슈빌리는 96%의 압도적 득표로 대통령에 당선되었다. 2월에 의회에서는 대통령 권한을 강화하고, 의회 권력을 축소시키며 국무총리직을 신설하는 개헌안이 통과되어 주라브 즈바니아가 국무총리에 임명되었다. 임시 대통령이던 니노 부랴나제는 국회의장직을 맡았다. 3월 28일 총선에서는 사카슈빌리가 이끄는 '민족운동-민주주의자 연합(NMD National Movement-Democrats)'이 67%의 득표로 다수당이 되었다.

큰 기대를 안고 출발한 사카슈빌리 정권 앞에는 산적한 문제가 있었다. 러시아와 UN감시단의 통제에도 불구하고 압하지아와 남오세티아야의 분리 운동은 사카슈빌리 정권에 큰 부담을 안겨주었다. 2004년 사실상 독립적 지위를 누리던 아자리아 지역에 대해 중앙정부가 통치권을 행사하려 하자, 아자리아를 자신의 영지처럼 통치하던 아바쉬제는 이에 강하게 반발했다. 사카슈빌리의 최후 통첩과 반(反)아바쉬제 가두시위가 격화되면서 아바쉬제는 권력을 내려놓고 도피했다. 압하지아와 남오세티야의 분리 독립 운동을 지원하는 러시아와 사카슈빌리 정권의 갈등도 증폭되었다. 2004년 동안 남오세티야에서는 여러 번 무력 충돌이 발생했다. 2004년 NATO 가입을 서두르는 사카슈빌리의 친서방 정책은 양측의 갈등을 첨예화시켰다. 2004년 10월 NATO는 조지아를 "행동 계획 파트너십(Partnership Action Plan)" 국가로 승격시키며 협력을 강화했다. 2006년에는 조지아와 러시아 사이에 스파이 맞추방 사건이 발생해 양국 관계는 더욱 악화되었다.

사카슈빌리 정권의 개혁 정책은 부패 척결에서는 큰 성과를 거두었다. 트빌리시 시내의 교통경찰 3천 명을 일시에 해임하고, 뇌물을 받지 않는다는 서약을 한 새로운 경찰을 투입한 것은 국제적으로 큰 화제가 되었다. 국제 투명성 기구(Transparency International)가 평가하는 조지아의 부패인식지수(CPI) 순위는 2004년 133위, 2008년 67위, 2012년 51위로 급격히 상승했다. 근로 소득 세율을 12%로 일률적으로 적용하고, 세계에서 가장 낮은 관세율, 인허가 절차의 대폭 간소화로 비즈니스 환경이 급격히 개선되어 *Doing Business*에서 평가한 외국인 투자환경 순위가 25위까지 상승하였다. "가장 높은 수준의 경제적 자유와 결합된 제대로 작동하는 민주주의"가 국정 목표가 되었다. 그러나 개혁 정책을 추진하는 과정에서 대통령 권한의 남용과 행정부의 독단적 정책은 많은 부작용을 일으켰다. 2007년부터 반정부 시위 발생이 빈발해지며 정권에 위기가 닥치자 사카슈빌리는 자신의 임기를 단축하고 대선을 1년 앞당겨 치르는 강수를 두었다. 2007년 11월 사카슈빌리는 사임하고, 니노 부랴나제가 다시 임시 대통령이 되었다. 2008년 1월 치러진 대선에서 사카슈빌리는 57%의 득표로 재선에 성공하였다.

2008년 여름 조지아와 러시아의 갈등은 남오세티야 전쟁으로 이어졌다. 2008년 4월 부하카레스트에서 열린 NATO 정상회담에서 조지아가 NATO의 준회원국으로 받아들여지기로 결정되자 러시아는 크게 격앙했다. 러시아는 조지아에 이르는 철도를 급히 보수하고 군부대의 실전 훈련을 실시했다. 8월 1일 남오세티야 민병대가 조지아 평화유지군에 사격을 가하자, 조지아군은 남오세티야 민병대 초소를 공격했다. 8월 7일 조지아가 일방적으로 휴전을 선언했지만, 남오세티야 민병대가 조지아에 계속 포격을 가하자, 8일 새벽 조지아군은 남오세티야로 진격해 들어갔다. 약 만여 명의 조지아 병력은 큰 어려움 없이 남오세티야의 수도인 츠힌발리를 점령했다. 8월 8일 베이징 올림픽 개막식에 참석 중이던 푸틴 당시 러시아 총리는 급거 귀국해서 러시아군의 작전을 지휘했고, 8일 러시아군이 조지아로 진격해 들어왔다. 러시아는 350대의 탱크와 320대의 공군기를 투입해 조지아를 공격했다. 러시아군은 포티, 고리, 세나키, 주그디다시를 점령했고 트빌리시 공항을 공습했다. 남오세티야에서는 인종 청소를 피해 약 20만 명의 조지아 주민이 탈출했다. 8월 12일 프랑스 사르코지 대통령이 중재에 나서 러시아와 조지아는 휴전협정에 서명

미하일 사카슈빌리

비드지나 이바니슈빌리

했다. 러시아군은 압하지아와 남오세티야의 완충지대로 물러나고, EU 감시단이 들어와 휴전 준수를 감시했다. 러시아는 8월 26일 남오세티야와 압하지아를 독립국가로 승인했고, 조지아는 러시아와의 외교 관계를 단절했다.

2011년 3선을 앞둔 사카슈빌리는 여러 방안을 생각했다. 조지아 헌법은 대통령 임기를 2기까지만 허용하고 있었다. 사카슈빌리는 헌법을 개정하여 의회와 총리 권한을 강화하고, 대통령 권한을 약화시키는 이원집정부제적인 정체를 택하고, 총리로 조지아를 이끌 구상을 했다. 2011년 10월 러시아에서 경제적으로 가장 성공한 억만장자 기업인인 비드지나 이바니슈빌리(Bidznia Ivanishvili)가 조지아 정치에 뛰어들어 '조지아의 꿈(Georgian Dream)'이라는 정당을 창당하고 야당 세력의 중심이 되었다. '조지아의 꿈'은 여러 야당 정당과 연합세력을 형성하여 2012년 10월 총선에 참여했다. 야당 연합 세력은 54%

살로메 주라비슈빌리

의 득표로 총선에서 승리하여 정부를 구성할 권리를 얻었고, 사카슈빌리는 패배를 선언했다. 이바니슈빌리는 새 정부의 총리로 취임했다. 2013년 11월 치러진 대선에서 기오르기 마르그벨라슈빌리(Giorgi Margvelashvili)가 대통령에 당선되었다. 그러나 대통령의 권한은 총리에 비해 제한적이었다. 조지아의 실질적 지도자는 이바니슈빌리였지만, 정치인 체질이 아닌 이바니슈빌리는 2013년 11월 총리직을 사임하고, 이후로는 막후에서 권력을 조정하는 후견인으로 남았다.

2018년 11월 치러진 대선에서 친서방 진영에서는 사카슈빌리 정권에서 외무장관을 지낸 그리골 바샤제(Grigol Vashadze)가 출마하였고, 중도 노선 후보로는 프랑스계 조지아인인 살로메 주라비슈빌리(Salome Zhurabishvili)가 무소속으로 출마했다. 사카슈빌리가 만든 '민족통합운동(United National Movement)'의 후보로 출마한 바샤제는 직업 외교관 출신이다. 주라비슈빌리는 프랑스에서 조지아 부모 밑에 태어나서 국립행정학교를 수료한 후 프랑스 외무부에 들어가 외교관이 되었다. 2000년대 초반 주조지아 프랑스 대사를 지낸 그녀는 사카슈빌리 대통령에게 발탁되어 조지아 외무장관을 역임했다. 그녀는 조지아 의회 초선 의원을 지낸 후 이번 선거에 무소속으로 출마했으나 이바니슈빌리가 내세운 후보라는 사실은 공공연하게 알려져 있었다. 2018년 11월 28일 치러진 1차 선거에서 주라비슈빌리가 38.6%, 바샤제가 37.7%를 득표하여 박빙의 승부를 보여주었다. 12월 16일 치러진 2차 선거에서는 주라비슈빌리 59.5%, 바샤제 40.5%로 큰 격차가 벌어졌는데, 이는 두 선거 기간 사이 이바니슈빌리가 개인 재산으로 약 60만 가구의 부채를 탕감해주는 파격적인 조치를 취해서, 자신이 밀고 있는 주라비슈빌리에게 표를 몰아준 효과가 컸다. 주라비슈빌리는 이바니슈빌리가 만든 정당인 '조지아의 꿈' 후보가 아니라 무소속 후보로 출마했기 때문에, 공식적으로는 두 사람 사이의 관계를 문제 삼을 수 없었다. 조지아는 대통령 선출을 2024년부터 간선제로 바꾸기로 결정했기 때문에 이번 대선이 유권자가 직접 대통령을 뽑는 마지막 선거가 될 전망이다.

3장 • 조지아의 문화

3.1 언어

3.1.1 조지아어

조지아어의 계통

조지아어는 계통상으로 인도유럽어족의 카르트벨리아어군(Kartelvelian languages)에 속한다. 이 어군에는 조지아어 외에도 북부 산악 지역 언어인 스반어(Svan), 북서 조지아에서 사용되는 밍글레리안어(Mingrelian)와 서쪽 흑해 연안 지방에서 사용되는 라즈어(Laz)어가 있다. 조지아 언어학자들을 이 언어들을 조지아의 방언으로 취급하기도 한다.

기원전 10세기부터 형성되기 시작한 조지아어는 4세기 기독교가 국교로 수용되고, 조지아어 문자가 고안되면서 고전 황금시대를 맞는다. 조지아어의 발달 과정은 5-8세기의 초기 고대 조지아어(Early Old Georgian) 시대, 9-11세기 고전 조지아어(Classical Old Georgian) 시대, 12-17·18세기 중세 조지아어(Middle Georgian) 시대, 17·18세기-현재까지의 현대 조지아어(Modern Georgian) 시대로 구분된다. 5세기에 쓰인《성녀 수사니크 여왕의 순교》가 가장 오래된 작품으로 여겨지며, 11-13세기 중세 조지아 황금시대에 쓰인 작품 중 국보적인 서사시《호랑이 가죽을 두른 용사》는 중세 조지아어 전형을 보여주는 대표적인 작품으로 평가받는다. 1629년 로마에서 인쇄된《이베리아 문자로 된 성 게오르기의 기도서》와《조지아어 이탈리아어 사전》이 최초의 인쇄물이다. 이때부터 현대 조지아어 시대가 시작된 것으로 평가된다.

조지아어 알파벳

5세기 중반 발명된 조지아 알파벳은 현재 33자(모음 6, 자음 27)로 이루어져있다. 알파벳 형은 "대문자(Asomtavruli)", "소문자(Nuskhuri)", "군사(Military)체"라고도 불리는 "므헤드룰리(Mkhedruli)"가 있다.(표2)

조지아어의 특징

먼저 음성·음운면에서 조지아어는 강세, 억양, 리듬을 갖지만, 강세는 매우 약하다. 조지아어의 특징은 유사한 음성적 성격을 가진 "조화된 이중(다중)자음(harmonic clusters)"이다. 유성음(voiced), 유기음(aspirated), 방출음(ejective) 같이 유사한 음성적 성격을 가진 자음군이 한 발성(release)으로 발음된다. 다중 자음은 많은 경우 여섯 개가 겹치기도 한다. 방출음과 능격동사 사용은 코카서스 지역 언어에 나타나는 일반적 특징이다.[1]

형태적으로 보면 조지아어는 교착어(agglutinative)이다. 접두사와 접

[표 2] **조지아어 알파벳**

조지아어 알파벳		명칭	음운	한국어 발음	조지아어 알파벳		명칭	음운	한국어 발음
1.	ა	an (안)	a	ㅏ	18.	ს	san (산)	s	ㅆ
2.	ბ	ban (반)	b	ㅂ	19.	ტ	t'ar (따르)	t	ㄸ
3.	გ	gan (간)	g	ㄱ	20.	უ	un (운)	u	ㅜ
4.	დ	don (돈)	d	ㄷ	21.	ფ	par (파르)	p	ㅍ
5.	ე	en (엔)	e	ㅔ	22.	ქ	kan (칸)	k	ㅋ
6.	ვ	vin (빈)	v	ㅂ'	23.	ღ	ghan (간)	호	ㄱ'
7.	ზ	zen (젠)	z	ㅈ'	24.	ყ	q'ar (카르)	q'	ㅋ'
8.	თ	than (탄)	t	ㅌ	25.	შ	shin (신)	sh	ㅅ
9.	ი	in (인)	i	ㅣ	26.	ჩ	chin (친)	ch	ㅊ
10.	კ	k'an (깐)	k'	ㄲ	27.	ც	tsan (찬)	ts	ㅊ'
11.	ლ	las (라스)	l	ㄹ'	28.	ძ	dzil (질)	dz	ㅈ'
12.	მ	man (만)	m	ㅁ	29.	წ	ts'il (찔)	ts'	ㅉ'
13.	ნ	nar (나르)	n	ㄴ	30.	ჭ	tch'ar (짜르)	tch	ㅉ
14.	ო	on (온)	o	ㅗ	31.	ხ	khan (칸)	kh	ㅋ'
15.	პ	p'ar (빠르)	p'	ㅃ	32.	ჯ	djan (잔)	j	ㅈ
16.	ჟ	zhan (잔)	zh	ㅈ	33.	ჰ	hae (하에)	h	ㅎ
17.	რ	rae (라에)	r	ㄹ					

1. 허승철, 조지아어 기초회화, 12-13.

미사가 첨가되어 다양한 문법 범주를 나타낸다. 예를 들어 동사에는 8개까지 접사가 들어갈 수 있는데, 이를 통해 시제, 인칭 등을 표현하다. 명사는 주격, 능격(能格, ergative), 여격(dative), 생격(genitive), 도구격(instrumental), 부사격(adverbial), 호격(呼格, vocative) 7격으로 곡용(曲用, declension)된다. 조지아어는 명사, 대명사에 문법적 성(grammatical gender)이 없다. 어휘는 어근에 다양한 어미나 접사를 붙여 파생어를 만든다. 사람의 성에 붙는 다양한 접사가 있다. "…의 아들"이라는 뜻의 "–dze"(예: Shevarnadze)는 주로 서부 지역에서 쓰이고, "…의 자식"이라는 뜻의 "-shvili"(예 Ivanishvili)는 주로 동부 지역에서 쓰인다. 이외에도 "-ia"(서부 지역, 사모그렐로Samogrelo 지역), "-ani"(서부 지역, 스바네티Svaneti), "-uri"(동부 지역) 등도 쓰인다. "-eli"는 전통적으로 귀족 이름에 붙었다.

어순에서는 좌분기(左分枝, left-branching) 언어의 일반적 특징을 보인다. 즉 형용사가 명사 앞에, 소유자가 소유 대상 앞에, 목적어가 동사 앞에 온다. 그러나 문장의 초점(focus)과 화제(topic)에 따라 어순이 변화한다. 즉 목적어에 초점이 올 때는 주어-목적어-동사 어순이, 주어에 초점이 올 때는 주어-동사-목적어 어순을 쓴다.[2]

조지아어의 수(數)에서의 특징은 20진법(vigesimal)을 쓰는 것이다. 20에서 100까지의 수를 나타낼 때는 먼저 20단위 수가 나오고 나머지 수가 뒤에 붙는다. 즉 95는 20×4에 15를 붙이는 식이다.

3.2. 조지아 문학사

고대

기독교 도입 이전 조지아의 문학은 전설, 민요, 신화 등 풍부한 구전 문학이 이어져 온 것으로 보인다. 대표적인 신화는 아미라니(Amirani) 신화이다. 신에게 대항한 벌로 코카서스 산 바위에 몸이 묶인 것은 카즈베기 산에 묶인 프로메테우스 전설과 비슷하다. 4세기 중엽 기독교가 도입되고, 조지아 문자가 발명되면서 성서와 기독교 문헌의 번역 작업이 활발하게 진행되었다. 주로 그리스어와 시리아어에서 신약, 구약 등이 번역되었고, 기도서, 교리서 등도 소개되었다. 성자전 저술도 시작되어 야코프 추르타벨리(Iakov Tsurtaveli)가 쓴 것으로 추정되는《성 슈샤니크 여왕의 순교(Martydom of St. Shushanik)》(470년 이후 저술)는 최초의 문학 작품으로 간주된다. 11세기에 쓰인《카르틀리의 기독교 개종(The Conversion of Kartli)》 연대기에 실린《성 니노의 일대기(Life of St. Nino)》가 이보다 앞선 4세기에 쓰인 최초의 문학 작품이라고 주장하는 학자도 있다. 7-8세기 아랍 세력이 동부 조지아를 점령하면서 문학 발달은 일시 지체되었으나, 10세기부터 다시 활발한 저술 활동이 이어졌다. 10세기에 요아네 민츠키(Ioane Minchkhi), 미카엘 모드레킬리(Mikael Modrekili)가《찬송시 모음》을 썼고, 여러 성자전이 저술되었다. 이 중 바실 자르즈멜리(Basil Zarzmeli)가 쓴《세라피온의 생애(Tskhovreba Serapionisi)》(910년경)와 기오르기 메르출레가 쓴《칸

2. 같은 책.

즈타의 그리골(Grigol Khandztelis)》(950년경)이 대표적이다. 연대기 저술도 활발하게 진행되어《카르틀리의 개종(Moktseva Kartlisa)》(950년경)과《카르틀리의 역사(Kartlis tskhovreba)》(10-13세기)가 이 시기에 쓰였다. 12-13세기 조지아 문학도 중세 황금시대를 맞는다. 조지아의 위대한 군주인 다비트 4세는 1120년경《회개의 노래(Hymns of Repentence)》를 직접 지어 자신의 문재를 과시했다. 12세기에 모세 호넬리(Mose Khoneli)는 장편 소설《아미란-다레자니(Amiran-Darejani)》를 썼고, 이 작품은 쇼타 루즈타벨리 작품 속에 거명된다. 트모그벨리(Sargis Tmogveli)는 지금은 내용이 제대로 전해지지 않는 환상적인 새 서사시《딜라리아니(Dilariani)》를 쓴 것으로 알려졌다.

타마르 여왕 시대(1178-1213년)에 쇼타 루스타벨리(Shota Rustaveli)는 조지아 문학사에 남을 기념비적인 작품인《호랑이 가죽을 두른 용사(Vepkhistkaosani)》를 썼다. 이 작품은 기독교 정신뿐만 아니라 신플라톤주의, 동방 신앙을 조화롭게 통합하여 애국주의와 개인의 자유, 사고와 감정의 자유 등을 표현했다. 판본에 따라 4행시(quatrain)로 구성된 1,576-1,669절로 구성되었고, 각 행은 4음절의 4개 단어로 16음절로 구성되어 있다. 각 행의 각운과 리듬은 비교할 수 없을 정도로 뛰어나서 형식적, 운율적 완결성도 매우 높다.《호랑이 가죽을 두른 용사》의 사본은 조지아와 영국에 의해 2012년 유네스코 '세계기록유산(Memory of the World Register)'에 추천되어 2013년 세계기록유산으로 인정되었다. 세계기록유산 추천서는 다음과 같이 이 작품의 중요성을 설명하고 있다.

쇼타 루즈타벨리 초상

한국어로 번역된
《호랑이 가죽을 두른 용사》

쇼타 루스타벨리가 조지아 역사의 '황금기'로 불리는 타마르 여왕 재위 시기인 12-13세기의 쓴 중세 서사 작품인《호랑이 가죽을 두른 용사》는 조지아국민의 민족적 서사시(epos)이다.이 작품의 의미와 중요성은 다음 몇 가지 현저한 특징으로 설명할 수 있다. 우선 이 작품은 코카서스와 중동 지역 전체에 걸쳐 일어난 정치적, 사회-경제적, 문화적 변화에 의해 발생한 조지아, 동양, 유럽의 문화적 전통을 훌륭하게 배합하였다. 바로 이러한 특징으로 인해 이 작품의 중요성은 한 민족이나 국가의 범위를 뛰어넘어 세계문화유산에 해당된다. 두 번째로 이 작품은 왕족에서 시작하여 상인, 농민 등 중세의 여러 사회 계층의 생활양식, 전통, 특징에 대한 소중한 정보를 제공한다. 다음으로 《호랑이 가죽을 두른 용사》는 신플라톤(neo-Platonic)적 사고의 발전의 정점과 인간의 본성, 우정, 사랑, 평등, 자유를 위한 투쟁에 대한 찬가라고 특징지을 수 있다. 마지막으로 이 원고는 필적(calligraphy), 장식화(decorations), 세밀화(miniatures) 등의 미적 가치도 뛰어나다."[3]

여러 판본이 현재까지 전해오는 이 작품은 1646년 판본이 가장 오래된 것이며, 19세기 초반부터 러시아어, 독일어, 프랑스어로 부분적으로 번역되기 시작하다가 20세기 들어와 영어, 러시아어 번역본이 나왔다. 1930년대에 콘스탄틴 발몬트(Konstantin Balmont), 페트렌코(Panteleimon Petrenko), 차가렐리(Grigori Tsagareli)가 번역본을 연이어 출간했으나, 1941년 출간된 누추비제(Shalva Nutsubidze)의 번역본이 가장 뛰어난 것으로 평가된다. 젊은 시절 문학에 심취해서 시를 몇 편 써서 발표한 스탈린은 이 작품을 자주 암송할 정도로 사랑했다고 한다. 1930년대 후반 대숙청 시기에 조지아 문화의 우수성과 조지아 민족주의를 선양하려고 했던 스탈린이 감옥에 갇혀 있던 누추비제를 석방하여 이 작품의 번역을 완수하도록 한 사실은 많이 알려져 있지 않다.[4]

쇼타 루스타벨리 이후에도 페르도우시(Ferdowsi)가 《페르시아 왕들의 책(열왕기Book of Kings, 샤 나메Shah-nameh)》 같은 역사서를 썼으나, 13세기 초반 몽골의 침입과 14세기 티무르의 침입으로 조지아 문학은 큰 침체기를 맞는다. 이 시기에 소중한 문헌들이 많이 소실되었고, 문학 발달에 큰 역할을 한 수도원도 모두 폐쇄되었다.

근대 조지아 문학

15-18세기 조지아는 동부는 페르시아에, 서부는 오스만 제국에 지배당했다. 이 시기 페르시아의 영향이 조지아 문학에 들어왔고, 페르시아의 기념비적 샤나메(Shaname)가 조지아에 소개되기도 했다. 17세기 말 요셉 트비렐리(Iosib Tbileli)는 외세 침입과 압제에 맞서 싸운 조지아인들의 투쟁을 영웅적으로 그린 서사시를 썼다. 17세기에 여러 언어를 구사하며 문학적 재능을 보인 테이무라즈 1세(Teimuraz I)가 페르시아의 서정 연애시인 〈레일라와 메주눈(Leila and Mejnun Leilmajnuniani)〉을 조지아어로 번역했다. 그는 기독교 배교를 강요당하다가 이를 거부하고 순교한 자신의 어머니를 다룬《성녀 케테반 여왕의 일생과 열정(The Book and Passion of Queen Saint Ketevan)》을 썼다.

18세기 초 조지아를 이끈 바흐탕 4세(재위 1704-24년)는 조지아 문학 발전과 문예 부흥에 큰 역할을 했다. 수도사이며 학자이자 시인인 그는 페르시아어 시를 조지아로 직접 번역했으며, 필사 학교를 세워 조지아 고전 작품들을 되살리는 데 주력했다. 1709년 그는 조지아 최초의 인쇄소를 세웠고, 여기에서 바흐탕의 스승인 술한 사바 오르벨리아니(Sulkhan Saba Orbeliani)가 저술한《조지아어 백과사전(Sitkvis kona)》이 출간되었다. 이 출판사에서는 교훈적 동화 이야기《지혜와 거짓의 책(The Book of Wisdom and Lies)》도 출간하였다. 다비트 구라미쉬

3. 허승철,《호랑이 가죽을 두른 용사》, 438-439.

4. 허승철, 〈호랑이 가죽을 한 용사 러시아어 번역과 스탈린〉, 러시아어문학연구논집(61집, 2018), 75-81.

빌리(Davit Guramishvili, 1705-92년)는 조지아의 낭만주의 문학이 만개하기 전 시기의 가장 뛰어난 시들을 썼다. 그는 자신과 조지아의 운명에 대한 탄식, 회한, 위안을 시로 표현했다. 민중 문학 모티프를 서브텍스트(sub-text)뿐만 아니라, 러시아, 우크라이나, 폴란드의 모티프도 사용했다. 대표작은 장시 〈다비티아니: 주보브카(Davitiani: Zubovka)〉에서는 종교적 열정 대신 장난스런 에로티시즘을 표현했고, 〈목동 카츠비아(Katsvia the Sheperd)〉에서는 조지아 산악의 초현실적인 목가주의를 노래하며 전쟁과 부패, 자연재해가 없는 에덴 동산과 같은 조지아를 꿈꿨다. 〈다비티아니〉는 다음과 같이 시작된다.

> 어느 날 아침 주보브카 마을을 떠나면서
> 나는 절세미인을 보았네. 홀연히 그녀가 내 앞에 나타났네.
> 검은 눈과 눈썹, 애교점은 그녀의 상아 같은 얼굴을 더욱 아름답게
> [장식했네.
> 그녀는 나를 경멸하듯 보았지만 나는 그녀의 아름다움에 나는 정신
> [을 잃어버렸지.
>
> 나는 물었네. "밝게 빛나는 태양과 같은 당신은 어디서 왔습니까?
> 그리고 이것이 가능하다면, 당신이 어디로 가려고 하는지 알 수 있
> [나요?
> 당신 때문에 내 심장은 돌처럼 굳어버렸고,
> 물벼락을 내게 뿌린다 해도 내 안에 활활 타는 불을 끌 수 없습니다."[5]
>
> — 〈다비티아니〉

18세기 후반 조지아를 대표하는 시인인 베시키(Besiki-Besarion Gabashvili)는 러시아 시의 중요한 분수령을 만든 알렉산드레 차브차바제에게 큰 영향을 주었다. 알렉산드레 차브차바제(Aleksandre Chavchavadze, 1786-1846년)는 조지아가 러시아에 병합된 후 반러시아 봉기에 가담했으나, 러시아 당국에 협조하는 방향으로 태도를 바꾼 후 장군으로까지 진급하여 여러 무공을 세웠다. 조지아 상류사회의 문화적 중심 인물이 된 그는 조지아와 러시아에 광범위한 인맥을 형성했다. 차브차바제의 딸인 니노(Nino)는 16세에 러시아 희곡 작가이자 외교관인 그리보예도프와 결혼하여 큰 화제가 되었고, 양국 우호의 상징이 되었다. 차바차바제가 조지아 문학에 끼친 영향은 지대하다, 그는 문체적으로, 18세기 조지아 르네상스 문학으로부터 이어져 내려온 고문체와 풍부한 형식성, 페르시아의 서정시 음조, 티플리스 거리의 보헤미안적 언어, 유럽 낭만주의의 요소를 결합하여 조지아의 시 언어를 구어에 가깝게 만들었다. 이는 그가 여러 개의 유럽어를 구사하고, 아시아 문화에도 깊은 조예가 있었기 때문에 가능한 일이

알렉산드레 차브차바제

5. 허승철, 《코카서스 3국 문학 산책》, 110.

었다.[6] 그의 시는 1832년 이전과 이후 성격이 크게 달라진다. 전반기에는 조지아의 사라진 영광과 독립에 대한 탄식과 이로 인한 개인적 회환과 비애가 주로 표현되었다. 1832년 이후 그는 러시아 병합으로 인한 긍정적 결과에 눈을 돌리면서 조국의 독립을 가장 소중한 꿈으로 간직했다. 전반기에 쓴 대표적 시로는 〈슬픔, 시간, 시간〉, 〈들는 자여, 들어라〉, 〈카프카스〉를 들 수 있다. 후반기의 대표적 시로는 〈오, 나의 꿈이여, 너는 왜 다시 나에게 나타나는가〉와 〈쟁기질하는 사람〉이 있다.

그리골 오르벨리아니

19세기에 들어서며 유럽에서와 마찬가지로 조지아에서도 낭만주의 시대가 열렸다. 그리골 오르벨리아니(Grigol Orbeliani, 1804-83년)는 낭만주의의 대표 시인 중 한사람으로 19세기 조지아 문화를 대표하는 상징적 인물이다. 그의 시는 애국적 모티프가 근간을 이루고 와인과 여성에 대한 찬양도 넘쳐난다. 그는 지금은 사라진 조지아의 영광스런 과거와 조지아 왕가의 몰락을 탄식하는 내용의 시를 많이 썼다. 그러나 그의 시의 가장 큰 특징은 거리의 악사들이 지은 시와, 아슈그(ashug)라고 불린 유랑시인(minstrel)의 언어를 사용한 것이다. 스스로도 이런 전통을 잇는 서정시인 무함바지(Mukhambazi)를 짓기도 했다.

그의 대표 시는 1827년 러시아-이란 전쟁을 배경으로 한 〈예레반 전투 후의 축제의 밤〉이다. 러시아 고전주의 시인 주콥스키의 〈전사 집단의 가수〉를 모방한 이 시에서는 전쟁에서 유명을 달리한 병사들을 추모한 후, 조지아의 부족들, 왕들, 영웅들, 순교자들을 찬양하는 역사 순례를 한 다음, 현실로 돌아와 애가(elegy)풍으로 끝을 맺는다.[7]

오 나의 사랑하는 조국이여, 누가 마음이 떨리지 않고

기쁨이 새롭게 넘치지 않으면서 너의 이름을 부를 수 있는가?
네가 위협을 받을 때 너를 지키기 위해 피를 흘리고,
목숨을 바칠 각오를 하지 않을 사람 어디에 있겠는가?
우리 모두는 태어나 처음으로 빛을 본 장소를 사랑해야 한다.

우리가 행복한 나날을 보냈고, 남자로 성장한 곳,
자상한 부모님들의 보호를 받으며 자란 곳,
우리가 처음으로 우리 안에 머물던 사랑의 불꽃을 느낀 곳,
사랑스런 여인들이 우아하게 몸을 흔들며 사원으로 가
우리를 위해 기도를 하던 곳.[8]

—〈예레반 전투 후의 축제의 밤〉

6. 같은 책, 116-117.
7. 같은 책, 122-123.
8. 같은 책, 118.

니콜로즈 바라티쉬빌리 초상

영국의 키츠와 비교되는 낭만시인 니콜로즈 바라타쉬빌리(Nikoloz Baratashvili, 1817-45년)는 조지아 민족정서와 유럽적 낭만주의를 결합한 최초의 조지아 시인으로 낭만주의 문학의 최고봉으로 평가된다. 그의 대표적 작품은 1839년에 쓴 역사시 〈조지아의 운명〉이다. 조지아 문학사를 쓴 레이필드(Donald Rayfield)는 바라티쉬빌리가 〈불분명한 듯하지만 낭랑하고 간결하며 현대적인, 그러나 때로는 유사고문체가 섞인 찬란한 중세주의적 문체를 구사한 자신만의 언어를 발전시켰다〉라고 평가했다. 〈악령〉(1843), 〈므트크바리 강변의 생각〉(1837), 〈메라니(Merani)〉(1842) 등이 대표적 시로 꼽힌다. 〈메라니〉는 신비롭고 종말론적인 환상을 그린 작품으로 조지아 시인들과 독자들의 사랑을 받는다. 〈메라니〉의 비극적 낙관주의는 낭만적 정신을 놀랍고 예리하게 표현한 것으로 평가되며, 윤리적-철학적 관점과 예술적 관점 모두에서 조지아 낭만주의의 최고의 시로 꼽힌다. 〈메라니〉의 3-5연은 다음과 같다.[9]

> 나의 조국을 떠나고, 나의 진실한 친구들을 한 사람씩 떠나는 것과
> 내가 사랑하는 사람에게 작별을 고하고, 나의 집을 다시 보지 못하
> [는 것은 어렵지 않았다.

낮이나 밤, 어떤 이국땅을 보는 지도 개의치 않았다.
나는 오로지 동행자인 별들에게만 내 마음 속에 담긴 비밀을 이야
[기한다.

내 안에 남아 있는 사랑도 나는 곧 바다에 던져버리고,
달려가는 길에 새로운 사랑을 찾을 것이다. 너는 대담하고, 난폭하
[게 나를 태우고 달리거라!
오, 메라니여, 너의 무한한 멋진 여유를 가지고 계속 달려라.
나의 모든 검디검은 생각들을 흩어버리고, 날개를 달아 바람에 보
[내라!

내가 가족의 묘에 묻히지 않거나, 내 사랑하는 여인이
내가 이국땅에서 세상을 하직한 것을 알고 나를 위해 애곡하지 않
[아도 개의치 않는다.
황무지의 검은 눈 까마귀가 나의 무덤을 파줄 것이다.
포효하는 바람이 불기 시작하면 나의 뼈들은 흙으로 덮일 것이다.[10]
—〈메라니〉

기오르기 에르스타비(Giorgi Ersatvai)는 1850년 조지아 최초의 연극 극장을 설립하고 문학잡지도 발간했다. 그는 러시아 희곡을 번역하

9. 같은 책, 127-128.
10. 같은 책, 125-126.

여 공연하였으며, 대표작으로는 《실성한 여자(Sheshlili)》(1839년 쓰고, 1861년 공연), 《소송(Semicolon Dava, anu tochka da zapetaia)》(1840년 씀, 1850년 초연), 《가족의 정착(Gaqra)》(1849년 씀) 등의 작품을 남겼다. 카즈베기(Aleksandre Q'azbegi)는 산문 분야에서 업적을 남겼다. 산악 거주민들의 전설, 이교도 에토스에 기반한 통속적 작품을 써서 독자들의 사랑을 받았다.

19세기 후반에 등장한 새로운 시인들과 작가들은 조지아어를 부활시키고, 조지아 민족의식을 일깨우는 데 큰 역할을 하며 스스로를 "테레크 강물을 먹고 자란 사람(Tergdaleulni)"이라고 불렀다. 이들은 민중에게 다가가기 위해 문어체 대신 구어체로 작품을 썼고, 민중 교화를 위해 여러 문예지를 창간하여 발행했다. 이들 중 가장 큰 영향력을 발휘한 것은 일리야 차브차바제(Illia Chavchavadze, 1837-1907년)였다. 그는 1857년 발표한 '크바렐리의 산들에게로(To the Mountains of Kvareli)'로 문학적 명성을 얻었다. 이 시에서는 대(大) 카프카즈 산맥에 대한 경외와 고국을 떠난 자신의 슬픔을 표현했다. 1861년 상트페테르부르그에서의 수학을 마치고 조지아로 돌아오는 길에 쓴 《여행자의 일기(The Travler's Diary)》에서는 조지아 민족국가 건설의 중요성을 강조하면서 카즈베크 봉과 테레크 강을 이에 대한 비유로 사용한다. 조지아로 돌아온 일리야 차브차바제는 19세기 후반 조지아의 민족문화 운동의 우상이 된다. 그는 《이베리아(Iberia)》 신문을 창간하여 조지아 민족운동을 주도했다. 차브차바제는 당시 젊은 신학생이었던 스탈린(주가쉬빌리)의 문학적 재능을 발견하고, 그의 시 4편을 자신이 발행하는 《이베리아》에 게재하였으나 스탈린은 문학청년의 길 대신 폭력 혁명의 길로 나섰다.[11] 조지아의 귀족 집안에서 태어난 아카키

일리야 차브차바제와 아카키 체레텔리 동상

체레텔리(Akaki Tsereteli, 1840-1915년)는 1863년 상트페테르부르크대학 동양어학부를 졸업한 후 조지아로 돌아와 일리야 차브차바제와 함께 조지아 민족부흥운동을 이끄는 쌍두마차가 되었다. 그가 발행하는 신문《크발리(Kvali)》는 차브차바제의《이베리아》와 함께 당대 지식인과 문인들의 공론의 장이 되었고, 조지아 저널리즘의 기초를 만들었다. 그는 1860년에 쓴 하이네 풍의 '비밀 편지(Secret Letter)'로 첫 문학적 명성을 얻었고, 수 백 편의 서정시와 풍자시를 썼고, 희극적이고 자선적인 소설도 남겼다. 가장 유명한 것은 조지아의 국가적 민요라고 할 수 있는〈술리코(Suliko)〉(1895)이다. 여기서 주인공이 찾고 있는 영혼은 잃어버린 사랑과 민족정신이지만, 15개의 스탄자 중 앞 일부만 노래로 불리면서 작품의 비유적 연민(allegorical pathos)이 크게 약화되었다. 아카키의 장편 서사시〈토르니케 에리스타비(Tornike Eristavi)〉는 영웅주의를 주제로 하면서도 아카키의 생생하고 드라마틱한 묘사력이 드러난다. 운문 희곡인《카헤티 소년(The Kakhetian Boy)》은 에레클레 2세 왕의 어린 시절을 소재로 하고 있다. 그가 쓴 자전 소설《내 인생 이야기(The Story of My Life)》는 조지아 산

11. 같은 책, 134-135.

문문학 최고의 걸작 중 하나로 꼽힌다.[12] 조지아뿐만 아니라 러시아에서도 유명한 〈술리코〉 1-5연은 다음과 같다.

나는 사랑하는 사람의 무덤을 찾을 수 없었다.
몇 날을 찾아 헤매도 흔적도 찾을 수 없구나.
나는 눈물을 흘리며 물었다.
"나의 술리코야, 어디로 갔느냐?"

나는 외롭게 핀 장미를 보았다.
홀로 외롭게 핀 장미를.
나는 숨을 멈추고 바로 물어보았다.
"네가 바로 나의 사랑 술리코 아니니?"

그렇다고 하며 장미는 몸을 떨며
머리를 숙여 인사했다.
진주 같은 하늘의 이슬이
땅으로 흐르는 눈물을 대신하여 떨어지는구나.

나는 나뭇잎에 덮인 집에
말없이 앉아 있는 나이팅게일을 보았다.
나는 조용히 새에게 물었다.
"네가 술리코 아니니?"

노래하는 작은 새는 날개를 치며 내려와

장미를 부드럽게 만졌다.

그리고 희망의 목소리로 말했다.

"맞아요, 맞아요. 나예요."[13]

—〈술리코〉

소련 시대 발행된
바자 프샤벨리 기념 우표

'바자(Vazha)'라는 애칭으로 불리는 프샤벨리(Vazha-Pshavela, 1861-1915년)의 본명은 루카 라즈카슈비릴(Luka Razikashvili)로서 필명인 바자-프샤벨리는 '프샤빌라인들의 아들(son of Pshavians)'이라는 뜻이다. 1880년대 중반부터 작품 활동을 한 바자는 일상생활과 당대 프샤비 지방 사람들의 심리를 다루는 글을 썼다. 소설에서는 조지아 산악 거주민의 생활을 민속학자와 같은 정확한 눈으로 그려냈고, 시에서는 민중들의 영웅적 과거와 당대의 내·외부 적과의 투쟁을 주제로 삼았다. 그는 조지아를 뛰어넘는 세계적 수준의 작품을 쓴 것으로 평가받으며, 36편의 서사시와 400여 편의 서정시를 남겼다. 바자-프샤벨라의 색다르고도 영감을 일으키는 자연 묘사는 타의 추종을 불허라고, 그의 자연전경은 움직

12. 같은 책, 140.

13. 같은 책, 137-138.

임과 내적 충돌로 가득 찼다. 그의 시적 언어에는 조지아어의 풍부함이 그대로 스며있고, 흠잡을 데 없는 표준어의 전형이다. 그의 작품은 오시프 만델슈탐, 보리스 파스테르나크, 마리나 츠베타예바 같은 저명한 러시아 작가에 의해 러시아어로 번역되었다. 한 비평가는 그를 "어느 조지아 작가보다 질적으로 폭이 넓은 시인"으로 평가했다. 대표작으로는 〈알루다 케텔라우리(Aluda Ketelauri)〉, 〈바크트리오니(Bakhtrioni)〉, 〈고고투르와 압쉬나(Gogotur and Apshina)〉, 〈주인과 손님(Host and Guest)〉, 〈뱀을 먹는 사람(Snake Eater)〉, 〈피의 복수자(The Avenger of the Blood)〉, 〈에테리(Eteri)〉, 〈민디아(Mindia)〉 등이 있다.[14]

1880-90년대는 "인민주의자(narodniki)" 사상의 영향을 받은 일군의 시인들이 나타났다. 이들은 《이메디(Imedi)》라는 문예지를 창간하여 활동했으나, 문학적 영향력은 그렇게 크지 않았다. 므갈롭리쉬빌리(Soprom Mgaloblishvili), 로무리(Niko Lomouri)가 이 그룹에 들었다. 1890년대 사실주의가 문학계의 새로운 사조로 등장했다. 사실주의를 추종하는 작가들은 사회의 불평등, 압제받는 농민들의 고난, 귀족들의 타락, 개인과 사회의 갈등 등의 주제에 주목했다.

20세기 조지아 문학

20세기에 들어와서 상징주의 시인들이 조지아 시를 크게 부흥시켰다. 로바키제(Grigol Robakidze)가 조지아 상징주의의 선구자로 기록된다. 그는 대표작 〈뱀 껍질〉에서 자아를 찾는 과정을 그렸다. 그는 동료들과 함께 조지아 미래주의파 "푸른 뿔"(Blue Horns Tsisperqantslebi) 그룹을 만들고 러시아 미래주의파와 밀접히 교류했다. 러시아의 미래주의파 시인인 세르게이 예세닌은 〈조지아의 시인들(Поэтам Грузии)〉을 써서 이들과의 유대를 과시했다. 1918-21년 조지아가 일시적으로 독립을 누렸을 때, 무정부주의적 예술과 다양한 정치사상이 폭발했고, 러시아 난민 작가들과 독립으로 고양된 조지아 시인들의 활발한 교류가 이루어졌다. 대표적 상징주의 시인으로는 티치안 타비제(Tsitian Tabidze)와 파올로 야쉬빌리(Paolo Iashvili)를 꼽을 수 있다. 두 사람은 조지아를 여러 번 방문한 보리스 파스테르나크와 긴밀한 교우를 유지했으며, 조지아 시에 감명을 받은 파스테르나크는 1935년 〈조지아의 서정시〉를 출간했고, 바샤 프샤벨라의 시 〈뱀을 먹는 사람〉을 출간했다. 1940년에는 체레텔리의 두 시집을 번역했고, 1945년에는 바라타쉬빌리의 시 거의 전부를 번역했다.

20세기 초 가장 뛰어난 시인으로는 갈락티온 타비제(Galaktion Tabidze, 1892-1959년)를 꼽을 수 있다. 1914년 상징주의의 영향을 받은 그의 첫 시집이 나왔으나 조지아 상징주의 시인 그룹인 '푸른 뿔(Blue Horns)'의 인정을 받는 데는 시간이 걸렸다. 그러나 1919년 발표한 〈예술적 시의 머리(Crâne aux fleurs artistiques)〉로 앞으로 수 십 년간 조지아 문학을 이끌고 갈 시인으로 인정받았다. 그는 스탈린 대숙청 시기를 넘겼지만, 그의 부인(Olga Okudhava)은 체포되어 시베리아에서 죽었고, 동료 시인인 사촌 티치안 타비제도 체포되어 처형당했다. 갈탁티온 타비제는 죽음은 피했으나 라브렌티 베리아에게 고문을 당하고 심하게 구타당했다. 이 후유증으로 그는 우울증과 알콜 중독에 시달렸

14. 같은 책, 146-147.

갈락티온 타비제

고, 정신병원에 입원 중 1959년 창문에서 뛰어내려 자살했다. 수천 편의 시를 쓴 타비제는 20세기 조지아 문학의 대표 작가로 추앙받고 있으며, 후배 작가들에게 큰 영향을 남겼다. 그의 방대한 저작은 아직도 많은 연구와 분석을 필요로 한다. 그의 시는 고독과 사랑의 부재, 악몽과 같은 예감 등이 가득 차 있는 상징주의 경향이 강했다. 대표작으로는 〈사랑 없이는(Without Love)〉(1913), 〈나와 밤(I and the Night)〉(1913), 〈푸른 말들(Azure Horses)〉(1915), 〈바람이 분다(The Wind Blows)〉(1924) 등이 있다.[15] 〈푸른 말들〉의 앞부분은 다음과 같다.

> 그곳에는 안개가 눈발처럼 흩날렸다. 지는 해의 잔광이
> 마치 오래 전처럼 영원(永遠)이 계속 빛을 발하게 해준다.
> 약속들은 이루어지지 않았고, 우리가 알 수 있는 것은 없다.
> 오직 외로운 침묵과 밀어닥치는 추위만이 그곳에 있었다.
> 그곳 영원한 바닷가에서 슬픔은 무엇을 할 수 있는지 보여주었다.
> 누구의 눈도 반짝이지 않는다. 너는 어두운 무덤 속에 누워있다.
> 너는 그곳에서 아무 평안도 얻지 못하고, 얼마나 크게 낙담하고 있
> [는가!

얼굴들은 앙상한 나무처럼 미쳤고, 생명 없는 날들은 빠르게 지나
[간다.
얼마나 날들이 빨리 걸어 지나가고, 달리기 선수처럼 얼마나 빨리
[달려가는가?
꿈꾸는 듯 한 환상 속에 너를 태운 나의 푸른 말들이 오고 있다.
말들은 관 받침대에 누운 너를 나에게 데려온다. 모두가 여기 있
[다![16]

—〈푸른 말들(Azure Horses)〉(1915)

소련 정권 수립 후 자바키쉬빌리(Mikheil Javakhishvili)는 1924년 〈크바치 크바찬티라제와 그의 모험(Kvachi Kvachatiradze da misi tavgadasavali)〉, 1933년 〈마르브다의 아르세나(Arsena Marabdeli)〉를 발표했다. 감사후르지야(Konstatine Gamsakhurdia)는 독일 철학, 특히 니체 사상의 영향을 받아 이를 작품에 반영했고, 릴케의 에토스와 코카서스 민간 신화를 결합하여 뛰어난 서사적 역사 소설을 썼다. 그는 조지아 산문체를 섬세하게 다듬어서 새로운 구문적 구조 모델을 만들어낸 것으로 평가받는다. 아바쉬제(Grigol Abashidze)는 고전적 시 형식을 부활시키고 현대와 과거의 주제를 결합한 시를 썼다. 1960년대 해빙 시기에는 아나 칼란다제(Ana Kalandadze), 무르만 레바니제(Murman Lebanidze), 무흐란 마카바리아니(Mukhran Machavariani)가 대표적 시인으로 활동했다.

---

15. 같은 책, 154.
16. 같은 책, 150.

1972년 셰바르드나제가 조지아 당 제1서기로 취임하면서 개방적 문화 정책으로 문학, 영화, 연극에서 부흥이 일어났다. 《비평(Kritika)》(1972), 《여명(Gantiadi)》(1972), 《보물(Saunje)》(1974) 같은 문예지가 잇달아 창간되었다. 요셀리아니(Otar Ioseliani or Otia)는 《소달구지가 뒤집어질 때까지》, 《여섯 명의 늙은 하녀와 한 남자》 같은 해학적이고 풍자적인 희곡을 공연하여 큰 성공을 거두었다. 트빌리시 인형극장 감독이었던 가브리아제(Revz Gabriadze)는 인형극 연출과 무대 장치에 혁신적인 기법을 도입하고, 여러 동화를 각색하여 인형극으로 상연했다. 1970년대 최고의 작품은 차부아 아미레지비(Chabua Amireijibi)가 쓴 장편 소설 《다타 투타쉬키아(Data Tutashkhia)》를 꼽는다. 시베리아 수용소 생활을 하면서 쓴 700페이지가 넘는 이 소설은 셰바르드나제 시대가 되면서 검열을 통과할 수 있었다. 조지아 소설에 자주 등장한 의적을 주인공으로 한 이 소설은 도스토옙스키적 기법을 이용해 인류 구원을 위한 개인의 희생이라는 조지아 전설에 여러 번 등장한 주제를 현대적으로 재생했다. 그는 1995년 《고라 므고르갈리(Gora Mgorgali)》를 썼다. 거의 비슷한 시기에 아카 모르칠라제(Aka Morchiladze, 본명 Griogi Akhvlediani)는 《카라바흐 여행(Mogzauroba Karabaghshi)》을 써서 조지아 소설의 수준을 높였고, 환상의 군도에 사는 조지아인들을 소재로 한 반공상소설 시리즈인 《마다토프(Madatov)》를 발표했다. 그는 여러 편의 뛰어난 희곡도 썼다. 소련 시대 말기 대표적 시인으로는 사리쉬빌리(Maia Sarishvili), 아마글로벨리(Rati Amaghlobeli), 쿠바네이쉬빌리(Kote Qubaneishvili)를 꼽을 수 있다. 소련 시절부터 뛰어난 단편 소설을 써 온 도차나쉬빌리(Guram Dochanashvili)는 독립 이후 《첫 번째 의복

(Samoseli pirveli)》,《교회가 서 있었던 바위(Lodi Nasakdrali)》,《문학을 사랑한 남자(Katsi romelsats literatura dzlier ukvarda)》(2014) 등의 작품을 썼다. 모르칠라제는 조지아 사회가 당면한 문제, 특히 젊은이들의 현실을 다룬 소설로 큰 인기를 끌고 있다. 그의 대표작은《팔리아쉬빌리 거리의 개들(Paliashvilis kuchis dzaglebi)》(1995),《산타 에스테란자(Santa esperanza)》(2004),《카라바흐 여행(Gaseirneba karabaghshi)》,《수줍은 에메랄드(The Shy Emerald)》(2013),《길의 그림자(Shadow on the Road)》(2014) 등이다.

3.3 조지아 정교회

전승에 의하면 사도 안드레이가 1세기에 카프카스 지역의 고대 조지아(콜키스와 이베리아)에 처음으로 복음을 전하고 기독교 공동체를 설립했다고 한다. 안드레이의 기독교 전파 전승은 흑해의 다른 지역에도 널리 퍼져 있는데, 우크라이나, 루마니아, 사이프러스에서도 안드레이를 최초로 기독교를 전한 전도자로 기리는 전승이 있다. 또 다른 전승에 의하면, 열심당원 시몬(Simon the Zealot)이 조지아에 복음을 전했고, 수쿠미 지역의 아나코피아(Anakopia)에 묻혔다고 하고, 사도 마태의 무덤이 고니오(Gonio)에 있다는 설도 있다. 아르메니아에 기독교를 전파한 바돌로매(Bartholomew)와 디도(Taddeus)도 북쪽으로 올라와 조지아 지역에 기독교를 전했다는 전승도 있다.

기독교가 전파되기 전까지 지역에는 미트라스 숭배 신앙(the cult of Mitras), 원시 신앙(pagan beliefs), 조로아스터교가 영향력을 발휘하고 있었다. 298년 페르시아와의 전쟁에서 승리한 로마가 니비시스(Nibisis) 강화조약을 맺고, 조지아(콜키스, 이베리아)와 아르메니아 지역에 대한 영향력을 확보했다. 로마에 의해 왕권이 인정된 미리안 3세(Mirian III)는 신앙적 이유보다는 정치적 이유로 기독교를 받아들인 것으로 보인다. 로마에서는 콘스탄티누스(Constantinus) 황제가 기독교도들을 인정하고 재산을 복원시킨 밀라노 칙령(313년)을 반포하고, 로마의 수도를 로마에서 비잔티움으로 이동하고 콘스탄티노플로 개명하는 사건들이 연이어 일어났다. 아르메니아에 이어 이베리아가 기독교를 받아들이고, 카스피해 연안의 코카서스 알바니아도 조로아스터교를 버리고 비잔틴 정교를 받아들이면서 코카서스 지역의 기독교 전파는 성공적으로 이루어진다. 로마제국과 정치, 문화적으로 밀접한 관계를 유지하던 서부 조지아의 콜키스 왕국은 일찍부터 기독교가 전래되어 니케아 공의회(325년) 당시에 이미 몇몇 도시에 주교가 활동했던 것으로 전해진다.

조지아의 기독교 수용 과정에 대한 전승은 중세 조지아 문학의 가장 풍부한 문학 소재가 되었다. 후세에 어느 정도 각색된 것으로 보이는 이 전승에 따르면 카파도키아 출신 난민 노예(일부설에는 왕실의 공주)였던 니노(Nino)가 미리안 3세의 둘째 부인인 나나(Nana)의 불치병을 기적적으로 고쳤다. 사냥 중이던 미리안 3세가 일식을 만났는데, 그가 신께 기도하자 태양이 다시 나타났다고 한다. 미리안 3세는 이러한 하늘의 경고에 대해 니노로부터 가르침을 받고서 므츠헤타에 교회를 짓기 시작했다고 한다. 노역자들이 도저히 세울 수 없는 기둥을 하룻밤 사이에 세워서 교회를 완성했다고 해서 이 교회는 일명

므츠헤타의 성당

"살아있는 기둥 교회(Living Pillar)"로 불렸다. 미리안이 기독교를 국교로 수용한 것은 334년으로 전해오지만, 개기일식이 일어난 해는 317년으로 역산된다.

4-5세기에 이베리아의 교회는 안티오크 사도 관구(Apostolic See of Antioch)의 통제를 받았다. 480년 므츠케타의 주교좌는 총주교좌(Catholicos)로 승격됨과 동시에 자치 지위(Autocephalos)를 인정받았다. 이후로 자체적으로 주교와 기타 사제를 임명할 수 있었으나, 총주교 임명은 740년까지 안티오크 총대주교의 승인을 받아야 했다. 서부 조지아의 콜키스 왕국은 콘스탄티노플 총주교좌의 직접적 관할을 받으며 비잔틴적 교회 문화를 발달시켰다.

5세기 조지아 문자의 개발로 성서를 비롯한 신앙 서적이 활발하게 번역되기 시작했다. 또한 이 시기부터 시작된 수도원 제도

(manisticism)의 발달도 이러한 종교 저술과 번역에 기여했다. 6세기에 16인의 시리아 사제(Thirteen Assyrian Fathers)라고 불리는 수도사들이 들어와 여러 수도원을 세웠다. 이 시기에 기독교 문학도 발달하기 시작하여, 여러 성인전이 저술되었다. 조지아 최초의 고전 문학 작품으로 꼽을 수 있는 〈성녀 여왕 수사니크의 순교(Matrydom of the Holy Queen Shushanik)〉와 《성 아보의 순교(Martydom of St. Abo)》가 저술되었다.

7세기와 8세기 아랍 세력의 침입은 많은 귀족들의 이주와 기독교 문화의 일시적 쇠퇴를 가져왔으나 동부 조지아와 서부 조지아의 통합을 촉진시키는 역할을 했다. 동로마 교회의 세력이 약화되자 9세기 말 서부 조지아 교회는 콘스탄티노플과의 관할에서 벗어나 므츠케타의 총주교좌의 권위를 인정했다. 바그라트 왕조가 조지아의 통합을 이루면서 조지아 교회의 통합도 촉진되었다.

기독교 초기 시절 남부 코카서스의 종교적, 문화적 통합성은 이후 시대보다 밀접했다. 아르메니아 교회와 동부 조지아(이베리아) 교회도 밀접한 관계를 유지했으나, 451년 칼게돈 공의회가 합성설을 인정하자 단성설을 신봉하는 아르메이나 교회가 이에 반발하고 나섰다. 콥트 교회도 아르메니아 교회와 같은 입장을 취했다. 초기에는 조지아 교회도 아르메니아와 보조를 같이 했으나, 동로마의 힘을 빌어 페르시아에 대항하려는 이베리아의 왕 바흐탕 고르가살리(Vakhtan Gorgasali)는 동로마 황제 제노가 제시한 타협안인 헤노티콘(Henotikon Henotheism 단일신교, 택일신론)을 받아들였다. 507년 드빈(Dvin)에서 개최된 1차 공의회에서 조지아 교회, 아르메니아 교회, 코카서스 알바니아 교회는 통합된 입장을 취했으나, 시간이 가면서 아르메니아 교회가

겔라티 수도원

주도권을 장악하려고 시도하면서 조지아 교회와 갈등이 커졌다. 마침내 607년 3차 드빈 공의회에서 조지아 교회는 아르메니아 교회의 이탈을 비난하며 동로마 교회 편에 섰다.

11세기부터 13세기까지 바그라트 왕조의 조지아는 동부와 서부의 통합을 이루며 정치, 문화적 황금기를 맞는다. 토호들의 세력을 약화시키고 왕권을 강화하기 위해 왕들은 교회의 권위를 높이고 이를 통치에 활용했다. '건설자' 다비트(David the Builder, 재위 1089-1125년) 대왕은 셀주크 세력으로부터 조지아 해방, 기독교의 동부 팽창, 이슬람 점령 도시들의 탈환을 대외적 목표로 삼았다. 그는 교회 문제에도 적극 간섭하여 1103년 루이시-우르브니시(Ruisi-Urbnisi) 공의회를 소집하여 아르메니아 교회의 단성론을 적극 비난하고, 서부 조지아에 겔라티(Gelati) 수도원을 지었다. 이 수도원에 세워진 신학교에

바그라티 성당

서 강의를 한 요아네 페트리치(Ioane Petritsi)는 기독교, 아리스토텔레스 철학, 신플라톤 사고를 결합한 이론을 발전시켰다. 조지아 중세 시기의 절정을 이룬 타마르(Tamar) 여왕(재위 1184-1212년)은 예루살렘에 유골이 묻혔다는 전설이 있으며, 사후 조지아 교회 성인으로 시성된 타마르 여왕은 당시 필사가들에게는 삼위일체 다음의 인물로 묘사되었다. 기독교 문화가 번성하던 시기에 조지아 교회는 독특한 예술 형식도 발전시켰는데, 필사체(calligraphy), 다성 교회 합창(polyphonic church singing), 클로이존 에나멜 이콘(cloisonne enamel icon)과 조지아 십자형 돔(Georgian cross-dome style) 건축양식이 대표적이다. 중세 시대 대표적인 교회 건축물로는 쿠타이시의 바그라티(Bagrati) 성당과 겔라티 수도원이다.

13세기 몽골의 침입과 14-15세기 티무르의 침입으로 조지아 교회는 큰 타격을 입었다. 몽골 지배 시기에 조지아의 성당, 수도원 등 많은 기독교 유산이 파괴되었고, 문헌들도 상실되었다. 1460년대 조지아의 정치적 통합성도 붕괴되어 왕국은 다시 분열되었다. 몽골이 물러간 후 서부 조지아 교회는 분리하여 압하지아 총주교좌를 설치하며 므츠케타의 총주교 관할에서 벗어났다. 처음에는 피춘다(Pitsunda)에 있던 총주교좌는 쿠타이시의 겔라티 수도원으로 옮겨가서 1795년까지 존속했다. 이 시기에 가톨릭 교회와의 접촉도 많아졌다. 처음에는 비잔틴 교회의 간섭에서 벗어나기 위함이었지만, 외침으로부터 스스로를 보호하기 위한 목적도 있었다. 1328년부터 16세기 초까지 가톨릭 주교가 트빌리시에서 활동했다.

15-18세기 조지아는 오스만 터키와 페르시아의 지배를 받았다. 오스만 터키는 서부 조지아 지역을 지배했고, 페르시아 왕조는 동부 조지아를 지배했다. 일부 지도층은 오스만 터키나 페르시아의 후원을 받고, 권력을 계속 유지하기 위해 이슬람으로 개종을 했거나, 아니면 표면적으로 개종하며 이슬람의 전례를 따랐다. 카르틀리(이베리아)의 다비트 4세 왕이 대표적인 예이다. 그러나 일부 지도자는 개종을 거부하다가 죽음을 당하기도 했다. 카헤티의 케테반 여왕은 페르시아의 샤 아바스(아바스 I세)의 배교 강요를 거부하고 1624년 죽임을 당했다. 1700년 경 가톨릭 선교사들이 인쇄술과 유럽 문화를 가져오자, 일부 신자는 조지아 교회를 떠나 가톨릭으로 개종하기도 했다. 18세기 말 러시아 세력이 남하하고, 1801년 조지아가 러시아 제국에 정식으로 합병되면서 정교회 신앙 전통은 다시 살아났으나, 조지아

교회의 독자적 권위는 훼손되었다. 조지아 교회의 안톤 2세 총주교(Patriarch)는 대주교(Archbishop)로 지위가 격하되었고, 1811년 조지아 교회의 자치성은 박탈되고 러시아 정교회 공의회(synod)에 귀속되었다. 1837년 이후 대주교 등 주요 성직은 러시아인들이 맡았고, 교회 문헌과 문학도 조지아어 대신 교회 슬라브어로 저술되었다. 19세기 말 민족문화 부흥운동 시기에 조지아 교회의 자치성을 회복하려는 시도가 있었으나 실질적 효과를 거두지는 못했다.

1917년 3월 제정 러시아가 무너지자 조지아 교회는 3월 25일 자치(autocephaly) 회복을 선언했다. 그러나 1921년 조지아가 소연방에 귀속되면서 자치성은 다시 박탈되었다. 소련 지배 기간 중 많은 교회가 문을 닫았고, 스탈린과 베리야의 숙청 기간 동안 수많은 성직자들이 고난을 겪었다. 2차 대전 중 스탈린은 민족적 애국주의를 이용하기 위해 기독교에 유화적 정책을 취했다. 이 덕분에 1943년 10월 조지아 교회의 독립성이 형식적으로 인정되었으나, 전쟁이 끝나자 교회 압박 정책은 다시 시작되었다. 1970년대 세바르드나제가 조지아 당 제1서기를 맡으면서 민족 문화 부흥과 함께 조지아 교회의 권위도 어느 정도 회복되었다. 1977년부터 총주교를 맡은 일리야 2세(Ilia II)는 그간 방치된 교회들을 개건하고 새로운 교회 건축에 나섰다.

소련 내 각 공화국들의 민족문화 운동과 독립 움직임이 본격화된 1990년 3월 콘스탄티노플 총주교는 조지아 교회의 자치성을 승인한다는 공표를 하고, 총주교좌(Catholicos)의 복원을 선언했다. 1991년 조지아가 독립한 후 교회의 지위와 조지아 역사에서 수행한 특별한 역할은 헌법 제9조에 명시되었으며, 2002년 당시 대통령 세바르드나

트빌리시 성삼위일체 대성당

제와 총주교 일리야 3세는 종교협약(Concordat)에 서명하여 조지아 교회의 교회와 수도원에 대한 소유권을 인정하고, 정부 업무, 특히 교육 분야에서 자문을 제공할 역할을 부여했다. 1994년에 조지아 정부는 공립학교가 조지아 교회와 연계해 종교 수업을 하도록 하는 협약을 체결했다. 또한 새로운 대성당인 트빌리시 성삼위일체 대성당이 1996년 3월에 총대주교 일리아 2세에 의해 초석이 축성되면서 건축이 시작되어 2004년 11월에 봉헌되었다. 독립 이후 문제가 된 것은 일리야 3세가 세계교회운동조직(ecumenical organizations)에 적극 참여하는 것에 대한 반발이 일어난 것이다. 반대에 직면한 일리야 3세는 1997년 세계교회운동 참여 중지를 선언했다. 1999년 11월 교황 요한 바오로 2세가 인도를 방문하고 돌아가는 길에 조지아를 방문하고 트빌리시 스포츠 스타디움에서 대중에게 축복하였다. 현재 조지아 교회는 다소 배타적이고, 고립적 성격을 유지하며 개신교의 선교 활동을 허용하지 않는 입장을 취하고 있다. 2006년 조지아 교회는 30개의 교구와, 1,004명의 지역 교구 사제들과 65곳의 수도원이 있다고 공식 보고했다. 2010년 조사에 따르면 신앙이 있는 조지아 주민 중 83.9%가 조지아 정교회 신자이여, 다른 종교의 분포는 무슬림 9.9%, 아르메니아-조지아 정교회 3.9%, 로마 가톨릭 0.8%, 기타 종교 0.8%로 나타났다.

3.4 조지아 음악과 무용

3.4.1 조지아 음악

다성 민요

조지아의 민속음악은 풍부하고 유서 깊은 전통을 가지고 있다. 특히 다성 무반주 중창은 서양의 중창, 합창 음악의 효시로 여겨진다. 다른 고대 사회와 마찬가지로 민요는 노동요, 자장가, 사랑의 노래, 결혼 노래, 역사-영웅 노래, 무용 노래, 축제(음주) 노래, 희화-유머 노래, 장례 노래 등으로 분류할 수 있다. 이고르 스트라빈스키(Igor Stravinsky)는 조지아의 민요를 "인류의 여덟 번째 경이(marvel)"라고 불렀다.

먼저 엄마들이 부른 자장가는 "나나(Nana)", "나니나(Nanina)"라고 불렸다. 다음으로 노동의 종류에 따라 다양한 노래가 있었다. 노동요

중 라차(Racha) 지역에서 불린 "나두리(Naduri)"는 특별히 주목할 필요가 있다. 이 노래는 파종을 하거나 추수를 할 때 불렸는데, 농사꾼들은 두 그룹으로 나뉘어 한 그룹에서 노래 대표를 한 사람 뽑으면, 다른 그룹에서는 대표를 지원할 사람을 뽑는다. 이 두 사람이 노래를 선창하면 나머지 사람들은 이를 따라하며 일을 했다. "나두리"는 파종 때가 왔음을 알리는 전령과 같은 역할을 하기도 했다. 노동요는 각 지역에 따라 특색 있게 발달했는데 구리아(Guria) 지방의 노동요 "켈크바니(Khelkhvani)"는 옥수수 껍질을 타작할 때 부르는 노래였고, 아자리아(Adjaria) 지방의 노동요 "엘레사(Elesa)"는 숲에서 벌목한 나무를 끌어내오면서 부르는 노래였다.[17]

고대부터 대부분의 노래는 중창으로 불렸다. 기독교 도입 이전 원시종교와 관련된 노래들도 이에 속했다. 영광이라는 뜻의 "디데바(Dideba)"는 신에게 바치는 노래였고, "릴레(Lile)"나 "므제 쉬나(Mze Shina)"는 태양에게 바치는 노래였다. "야브나나(Iavnana)"는 전염병에 걸린 아이의 악귀를 물리치기 위해 불렀다.[18]

조지아의 민요는 각 지방에 따라 각각 다른 특색을 가지고 발달했는데, 카르틀리와 카헤티 지방의 축제(음주)의 노래는 뛰어난 다성 화성 음악의 전범을 보여준다. 멜로디를 이끌고 나가는 고음의 두 파트는 한 파트가 다른 파트 부분으로 들어오기도 하고, 다시 평행으로 유지되기도 하면서 서로 다른 파트를 제압하기 위해 최고의 기교

17. Tseleteli, *Georgia: Traditions, Beliefs and Arts*, 292.
18. 같은 곳.

를 발휘한다. 이것은 멜로디를 화려하게 장식하고, 아주 특이한 다성악을 만들어낸다.[19]

카헤티 지방의 축제(음주) 노래인 "차크룰로(Chakrulo)"는 음의 편차(일탈, deviation) 관점에서 아주 흥미로운 중창이다. 한 파트가 중심 음정에서 점점 더 멀어지면서 강렬하게 전개되다가 최종적으로는 원 음계로 돌아온다. 크리스마스에 불리는 캐럴인 "알릴로(Alilo)"도 이와 유사하게 흥미롭다. 성탄 축하를 전하며 집집마다 돌아다니면서 부르는 이 노래는 첫 파트가 고음으로 높게 치솟고, 둘째 파트는 저음으로 가며, 셋째 파트는 아주 낮은 저음(basso profondo)으로 부른다. 알릴로는 라차 지방 민요의 특색을 드러내는 대표적 민요이다.[20]

조지아 서북부 산악 지역인 스바네티의 스반족들이 부르는 노래는 아주 특색이 있다. 스반의 민요는 아주 힘차고 장엄한데, 때때로 의도적으로 불협화음을 내어 격렬함과 가혹함을 나타내며 산악 지역 생활의 지난함을 표현한다. 합창으로 노래할 때 강한 결합성을 나타내는 스바네티의 민요는 말로 전달되는 부분과 멜로디, 노래하는 사람들의 움직임이 유기적으로 결합된 조화를 보여준다. "릴레", "바르발-돌라쉬(Barbal-Dolashi)", "리카(Rikha)" 등이 스바네티의 대표적 민요이다. 신에게 바치는 "크비리아(Kviria)", "라마리아(Lamaria)"라는 노래를 부르는 가수가 전원 남자이며, 머리를 완전히 삭발하고, 머리를 동쪽으로 향한 채 무릎을 꿇고 앉아서 부른다.

조지아의 다성악 합창의 특징을 잘 보여주는 구리아 지방의 민요에서는 "크리만출리(krimanchuli)"라고 불리는 최고음 파트가 흥미롭다. 비정상적인 고음에서 불리는 이 파트는 화려하게 변화하며 주 멜로

디를 장식하는 역할을 한다.[21]

장례식에서 불리는 애가(lament)에는 여성들도 적극 참여한다. 투셰티(Tusheti), 프샤비(Pshavi), 케브수레티(Khevrureti) 지방에서 불리는 애가에는 여성 애곡자들이 장례 행렬을 뒤따라가며 주 애곡자의 음조를 따라한다. 이러한 애가에는 큰 소리의 울음과 통곡이 같이 한다. 투셰티 지방의 "다다오바(Dadaoba)"와 모케비(Mokhevi)의 "아다이-다다(Adai-Dada)"가 대표적인 애가 민요이다. 이메레티(Imereti), 스바네티(Svaneti), 압하지아(Abkhazia)의 애가는 보통 3중창으로 불린다. 메그렐리아 지역의 민요(Megrelian songs)는 뛰어난 서정성을 특징을 한다. 이 서정적인 민요들은 조용하면서도 균형 잡힌 방식으로 불린다.

조지아의 전통 악기

조지아에서는 아주 오랜 고대부터 다양한 악기가 사용되었다. 기원전 15-14세기로 추정되는 카헤티 지방의 목동의 무덤에서는 동물의 뼈로 만든 피리와 비슷한 악기인 살라무리(salamuri)가 출토되었다. 기원전 6세기 출토된 유물에서는 하프처럼 생긴 악기를 연주하는 사람을 새겨놓은 청동 장식품이 발견되기도 하였다. 하프와 관련해서는 스바네티 지역에 전해져 오는 전설이 있다. 어느 노인이 사랑하는 외아들을 잃었는데, 그는 아들을 기억하기 위해 그의 팔을 잘라

19. 같은 책, 293.

20. 같은 책, 293-294.

21. 같은 책, 295.

하프의 틀을 만들고, 아들의 머리카락으로 현을 만들었다. 그는 너무 슬퍼서 죽은 아들의 시신 위에서 며칠을 울었는데, 그의 팔도 하프의 틀이 되고, 그의 머리카락은 현이 되었다고 한다. 위로받을 수 없는 아버지의 눈물이 하프의 처연한 음색이 되었다고 한다. 고대로부터 전나무와 소나무가 하프의 틀로 사용되었고, 때로는 단풍나무가 사용되기도 했다고 한다. 고대 악기로는 백파이프 비슷한 구다스트비리(gudastviri)와 현악기인 추니리(chuniri), 치아누리(chianuri)와 하프 모양의 찬기(changi)가 있다. 아자리아, 메스헤티(Meshketi), 라제티(Lazeti)에서는 백파이프 모양의 치보니(chiboni) 악기가 널리 사용되었다.

현악기인 치아누리는 2현, 추니리는 3현, 촌구리(chonguri)는 4현을 가진 악기였다. 촌구리와 판두리(panduri)는 솔로 가수뿐만 아니라, 다성 중창에 반주용으로 쓰이기도 하고, 무용 음악에 쓰이기도 했다. 현악기와 관련된 특이한 풍습은 가족 중 누가 죽으면 이런 악기를 멀리 치워두었다가, 사망 1주기 날에 판두리를 다시 꺼내 현을 튕김으로써 악기 사용 금지가 해제된 것을 알렸다. 스바네티, 구리아, 사메그렐로(Samegrelo) 지방에서는 장례식에 판두리를 연주했는데, 이것은 사자가 그 반주에 맞추어 노래를 부른다는 믿음 때문이었다.

타악기로는 돌리가 대표적이다. 원통형의 나무틀 양쪽에 염소 가죽을 입혀서 만들고, 손으로 두드려서 소리를 낸다. 디플리피토(diplipito)는 크기가 다른 두 개의 북을 연결해서 만든 타악기로 북채로 소리를 낸다. 관악기로는 트럼펫과 유사한 부키(buki)가 대표적이다.

칼라쿠리(kalakuri)라고 불리는 마을 음악(town music)은 조지아 민속 음악의 전통 위에 발전했는데, 동양과 서양 문화의 영향을 교차로

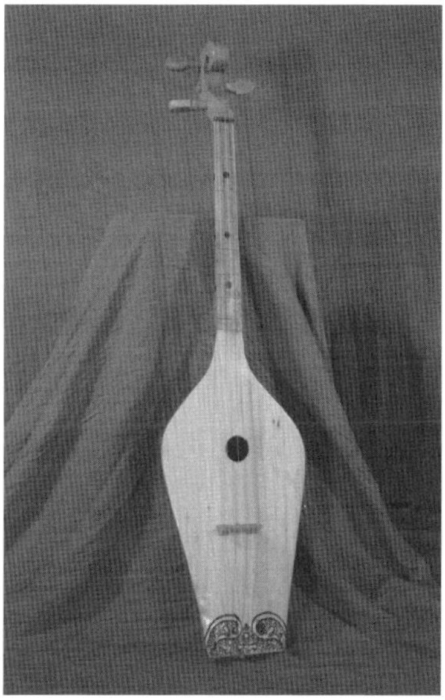

판두리

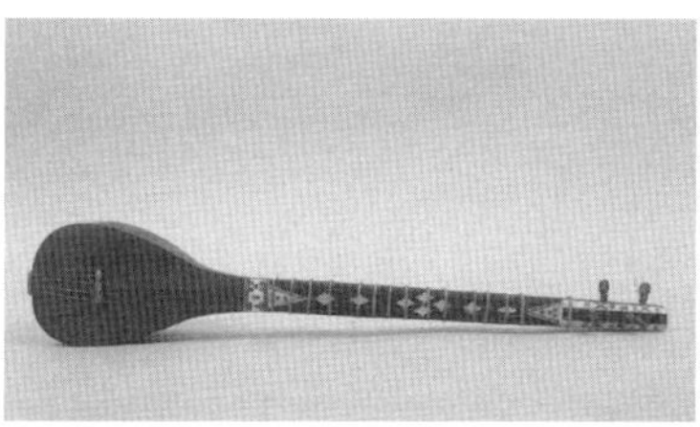

촌구리

받은 조지아의 특성상 동양 민속 악기와 서양 민속 악기가 혼합되어 사용되었다. 조지아의 잔치에는 두데키가 빠지지 않고 등장한다. 20세기 들어와 조지아의 잔치의 전형적인 모습은 잘 익은 와인에 샤슬릭 고기를 먹으며 지붕(발코니) 위에서 템버린과 아코디언 반주에 맞추어 정열적이고 폭발적인 바그다두리(baghdaduri)나 킨타우리(kintauri) 춤을 추는 것이다.[22] 트빌리시를 방문한 유명한 아르메니아 시인 호반네스 투마냔(Hovhannes Tumanian, 1869-1923년)은 "티플리스에 도착한 나는 성대한 결혼 피로연에 참석하게 되었다 (…) 티플리스는 단순히 인종적으로 다른 여러 요소를 단순히 합쳐놓은 곳이 아니라, 코카서스의 모든 주민과 부족들이 환영받는 곳이었다. 주르나, 드럼, 탬버린 소리와 큰 웃음소리와 춤추는 소리, 노래 소리가 넘쳐났다 (…) 여기서는 모두가

22. 같은 책, 299.

노래를 부른다. 이 멋진 나라에서는 노래를 부르지 않을 수 없다."라고 음악이 넘치는 풍경을 묘사했다.[23]

3.4.2 조지아 무용

조지아 무용의 기원은 아주 고대로 거슬러 올라간다. 기원전 4-3세기로 추정되는 사마들로(Samadlo) 거주지 유적에서 발굴된 와인 숙성용 토기인 크베브리(kvevri)에는 사냥의 모습과 함께 10명의 남자가 서로 손을 잡고 원형으로 춤을 추는 모습이 그려져 있었다. 기원전 4세기 로마군의 코카서스 원정을 기록한 크세노폰의 기록에도 이 지역 전사들이 두 줄로 늘어서서 서로 합창을 하며 춤을 추는 모습을 기록하고 있다. 삼츠케-자바케티 지역에서 출토된 청동기 조각에서도 다양한 동작을 취하며 무용하는 사람들의 모습이 새겨져 있다. 고대에 합창과 함께 신에게 바쳐진 "아드레킬라(Adrekila)" 무용은 다산을 기원하는 춤이다. 조지아의 민속춤은 고대의 형태를 거의 그대로 간직한 채 전해져 내려왔는데, 특히 산악 지역에서는 이러한 춤이 민속 축제, 종교 행사 등에 중요한 요소를 이루었다.[24]

조지아 전투 무용의 대표적 형태는 "호루미(Khorumi 또는 Khoroni)"이다. 이메레티 지방에서는 "델리-호루니(Deli-Khoruni)"라고 불리는데 이 명칭의 의미는 "무릎을 구부리고 추는 집단 춤(ring dancing with squatting)"이다. 앞 사람의 팔에 자신의 팔을 끼고 무릎을 구부리며 나가는 이 춤의 모양은 적과 전형적으로 적과 맞붙어 싸우는 모습을 보여준다. 호루미 춤은 영정과 넘치는 에너지, 발동작의 표현력이 특징인데, 다양한 형태로 춤이 전개된다. 춤의 템포는 선명하고 열

호루미

젬크렐로

23. 같은 책, 300.

24. 같은 책, 303.

정적이면서도 정확한 리듬과 절도 있는 동작을 보여준다.[25]

젬크렐로(Zemkrelo)는 두 층 또는 세 층의 원형을 만들어 추는 춤이다. 남자들이 서로 팔을 끼어 밀착된 원형을 만들고, 그 사람들 어깨 위에 올라서서 두 번째 층을 만든다. 제일 아래 있는 사람들이 좌나 우로 빠르게 돌면, 그 위에 있는 사람들은 살짝 뛰어올라 다음 사람 어깨에 올라선다. 위에 있는 사람들을 지치게 하려고 아래 사람들이 더 빨리 회전을 하지만, 위에 있는 사람들로 점프의 속도를 빠르게 하며 보조를 맞춘다. 춤의 절정은 3층에 있는 사람들이 아래로 뛰어내려와 1층의 사람들과 결합하여 춤을 속도를 한층 빠르게 하는 것이다. 이 춤은 상당한 체력을 필요로 하며 보는 사람들이 손에 땀을 쥐게 하는 멋진 장면을 연출한다. 므티울리(Mtiuli)는 발끝으로 선 채 단도를 공중에 던진 다음 떨어지는 단도를 잡는다. 빠른 동작으로 움직이다가 갑자기 멈춰선다. 단도를 땅에 꽂히게 한 다음 그 사이를 발동작으로 이동하며 춤을 춘다.[26]

칼을 휘두르며 전투 동작을 보이는 켑수룰리(Kevsuruli)는 고산지대에서 오랜 전통을 지닌 춤으로 파리카오바(Parikaoba)는 케치나오바(Kechnaoba)라고도 불린다. 칼과 방패를 든 전사들이 둘씩 짝을 이뤄 여러 전투 동작을 보인다. 강렬하고 공격적인 동작을 보이는 이 춤은 아주 역동적이다.

다양한 춤은 북이나 주르나의 반주, 아니면 단순히 손뼉 장단에 맞추어 춘다. 19세기 말 러시아에서 아코디언이 들어오면서 동부 지역에서는 이것을 작게 만든 부지카(buzika)가 춤 반주에 널리 이용되었다.

켑수룰리

전문적인 무용가가 아닌 일반 대중이 추는 춤으로는 킨타우리(Kintaruri)와 바그다두리(Baghdaduri)가 있다. 킨타우리는 한 사람 또는 두 사람, 아니면 그룹 전체가 추는 코믹한 춤이다. 어깨 동작과 뛰어오르기, 무릎 구부리기, 한쪽 다리를 멀리 뻗은 상태에서 다른 발을 이용해 공중회전을 하는 동작 등을 표현한다. 이에 비해 다그다두리는 절제된 동작을 보인다. 원래 이 춤의 명칭은 꽃무늬가 나염된 친츠(chintz) 스카프인 바그다디(Baghdadi)에서 나왔다. 춤추는 사람은 이 스카프를 공중에 던졌다가 잡기도 하고, 땅에 떨어뜨린 상태에서 양 다리를 점점 더 벌려 손을 쓰지 않고, 이로 이 스카프를 집어 올린다.

---

25. 같은 책, 302.

26. 같은 책, 307.

카르툴리

사마야(Samaya)는 여자 세 명이 추는 느리면서 우아한 춤이다. 연회가 벌어지면 보통 평평한 지붕 위에서 사먀야 춤을 춘다. 부드럽고, 섬세하며 우아한 동작이 특징이다. 카르툴리(Kartuli)는 남녀 한 쌍이 추는 대표적인 민속춤이다. 섬세하게 치장을 한 젊은 남녀 한 쌍이 추게 되면 춤을 통한 "사랑의 시(poem of love)"가 표현된다. 여자는 부드럽고, 우아하며, 순종적인 동작을 보이지만, 때로는 아양을 떨쳐버리고 차가운 모습을 보이기도 한다. 남자는 절제된 기사도를 여인에게 보인다.

젊은 남녀가 추는 춤으로는 메그렐리아(Megrelia) 지방의 아리라(Arira), 압하지아의 샤라틴(Sharatin), 아자리아의 간다가나(Gandagana)가 있다. 아리라는 한 여자가 세 명의 남자와 번갈아 춤을 추는데, 마지막에는 모두가 한 그룹을 이뤄 춤을 마친다. 간다가나는 남자가 여자에게 사과를 건네주고, 여자는 처음에는 이를 거절하다가 마지막에 이를 받으면서 남자의 구애를 받아들인다. 간다가나는 세 파트로 구성되는데, 처음과 마지막 파트는 같고, 중간에 들어가는 므카룰리(Mkharuli)는 빠르고 격정적인 동작으로 별도의 춤을 구성한다.[27] 조지아의 춤과 다성 합창은 조지아 문화의 독특함을 드러내는 대표적인 민속 장르이다.

3.5 조지아의 와인 문화

조지아는 세계에서 가장 오래된 와인 문화를 가지고 있다. 조지아어로 "그비노(ღვინო, ɣvino)"인 포도 재배와 와인 숙성은 8천 년 전 신석기 시대부터 시작되었다. 바니(Vani) 시 인근에서 발굴된 기원전 7세기에 만들어진 청동 조각상은 연회에서 주빈과 건배자 역할을 하는 타마다(Tamada) 형상을 하고 있다. 고고학자들에 따르면 와인 제조의 역사는 남코카서스에 거주하던 사람들이 얕은 땅 구덩이에 있던 야생 포도 주스가 겨울을 나면서 와인으로 바뀌는 것을 발견하면서 시작되었다. 이 발견에 착안한 조지아 사람들은 크베브리(kvevri, ქვევრი, 일명 '추리'churi, ჭური)라는 점토로 만든 단지에 포도를 넣어서 인공적으로 숙성시키는 방법을 발달시켰다. 크베브리는 포도를 땅(속) 온도에서 숙성

27. 같은 책, 307-308.

시키는 역할을 한다. 크베브리는 우리 항아리와 모양이 비슷하기도 한데 땅에 파묻기 용이하게 아래쪽이 뾰족하다. 흙으로 모양을 만들어 굽고, 내부를 밀랍으로 바른다. 포도 농사에서 수확된 포도를 크베브리에 담은 후 나무 뚜껑으로 닫고, 흙을 이겨서 다시 봉한 후 일정 기간 숙성시킨다. 경우에 따라서는 50년간 크베브리에 담은 채 숙성하기도 한다. 유네스코는 조지아의 전통적 와인 숙성법을 인류 "무형문화(Intangible Cultural Heritage)"로 등록했다. 크베브리 이외에도 다양한 숙성 용기가 발달했는데, 각 지역마다 고유의 모양과 문양을 가진 용기들이 발달했다. 차미(chapi)와 사츠카오(satskhao)도 이러한 용기의 일종이다.

포도와 와인의 기원에 대한 오래된 전설이 있다. 흥미롭게도 이 전설은 우리의 '흥부와 놀부' 이야기와 너무 비슷하다. 페르시아의 시인이자 철학자인 오마르 카얌(Omar Kayyam, 1040-1123년)이 자신의 책 《나우루즈-나메(Nauruz-Nameh)》에 기록한 이야기에 따르면, 먼 옛날 호라산(Khorasan) 왕과 바담(Badam) 왕자가 신하들과 함께 높은 성탑에서 들판을 관찰하고 있을 때, 뱀 한 마리가 파스쿤제(Paskundje)라는 마법의 새의 목을 감고 있었다. 바담 왕자는 바로 활을 꺼내 화살로 뱀을 명중시켜 이 새의 목숨을 구했다. 이 마법의 새는 왕자 일행 머리 위를 두 바퀴 돈 다음 북쪽의 고향으로 향했다. 1년이 지난 후 왕자 일행이 다시 성탑에 올랐을 때 이 파스쿤제라는 마법의 새가 나타나 부리로 물고 온 씨앗을 땅에 떨어뜨렸다. 왕은 "우리가 작년에 구해준 파스쿤제가 감사의 표시로 이 선물을 가져왔다."라고 외쳤다. 신하들은 이 씨앗을 자세히 살펴보았으나, 어느 식물의 씨앗인지를 알

수 없었다. 이 씨앗을 땅에 심자 줄기가 올라오고 포도 열매가 열렸다. 사람들은 포도를 짜서 즙을 만든 후 일정 기간 놔두니 포도즙이 발효 되면서 투명한 액체가 만들어졌다. 신하들은 이 즙이 독일 수도 있다고 생각하고, 사형수에게 먼저 이 즙을 마셔보도록 했다. 포도즙을 마신 사형수는 기분이 좋아져 잠이 들었다. 신하들은 잠자는 그를 깨워서 무슨 일이 일어났는지를 물었다. 그러자 사형수는 왕에게 이렇게 대답했다. "내게 준 즙이 무엇인지는 모르지만, 이 즙은 아주 대단합니다. 내 눈이 맑아지고, 기분은 더할 나위 행복했으며, 나와 왕과 귀족 사이의 불평등을 느끼지 못했습니다." 이 말을 들은 왕은 나라 전체에 포도 재배를 권장하고 와인 제조가 이 나라의 큰 산업이 되었다. 오마르 카얀은 첫 포도나무가 자란 정원이 있는 곳이 샤흐미란(Shahmiran)이라는 도시이고, 이 도시에는 100종이 넘는 포도나무가 자라고 있다고 했다. 여러 나라에 와인의 기원에 대한 전설이 있지만, 이 전설이 가장 오래된 것이고, 조지아의 동화에 나오는 "씨앗(tsiptsa)" 전설과도 내용이 비슷하다.[28] 조지아의 역사를 통해 포도 재배와 와인 제조는 중요한 생활양식의 일부였으며, 7세기 아랍 세력이 조지아 지역을 정복한 후 포도 재배와 와인 제조를 억압한 시기에도 와인 제조 전통은 끊어지지 않았다. 고고학적 발굴로 기원전 10세기까지 거슬러 올라가는 여러 종의 포도 씨앗이 출토되기도 했다. 포도 재배와 와인 생산이 조지아 경제의 중요한 부분을 차지하게 되자 14세기 조지아를 침공한 티무르(Tamerlane)와 17세기 조지

28. 같은 책.

아를 장악한 샤 아바스 1세는 조지아의 경제에 타격을 가하기 위해 포도 재배를 금지시키기도 했다.

코카서스 대산맥이 북풍을 막아주는 코카서스 구릉 지역은 혹한과 혹서가 없고, 적당한 일교차가 있어 와인 재배에 아주 좋은 환경을 가지고 있다. 조지아에는 포도(와인) 산지로 유명한 여러 지역이 있으며. 이 지역들은 대개 해발 1,300-1,400미터에 위치하고 있다. 조지아 전체적으로 약 500종의 포도나무가 자라는데, 각 지역별 포도나무 종의 숫자는 괄호 안에 표시되었다. 카헤티(Kakheti, 카헤티 지역은 텔라비Telavi와 크바렐리Kvareli 지역으로 다시 나뉜다)(80), 카르틀리(Kartli)(72), 이메레티(Imereti)(75), 라차-레츠쿠미(Racha-Lechkhumi)(59), 사메그렐로(Samegrelo)(6), 구리아(Guria)(53), 아자라(Adjara)(52), 압하지아(Abkhazia)(5) 지역이 와인 생산지로 유명하다. 아제르바이잔이 약 200여 종, 아르메니아가 약 90여 종의 포도나무를 재배하는 것에 비하면, 조지아의 포도나무 종은 훨씬 다양하다. 포도나무는 조지아 기독교 전파와도 깊은 관련이 있다. 카르틀리에 기독교를 전파하고 개종시킨 성 니노는 포도나무로 만든 십자가를 가지고 다니며 기독교를 전파했다고 한다. 동부 조지아 지역에서는 "다블라리(dablari)"라고 불리는 낮게 자라는 포도나무를 열을 맞춰 심고, 포도넝쿨을 나무 지지대로 받쳐준다. 서부 조지아에서는 "올리크나리(oliknari)"라는 포도나무 종을 심는다. 수평으로 넝쿨을 뻗는 "탈라베리(talaveri)" 종도 조지아 전체에 널리 재배된다. 수확된 포도는 마라니(marani)라는 와인 양조장으로 가져가서 통나무 안을 깎아 만든 "사츠나켈리(satsnakheli)"에서 사람이 발로 눌러 압착하여 즙을 짜낸다. 추출된 포도즙은 "크베브리"에 담겨 숙

크베브리

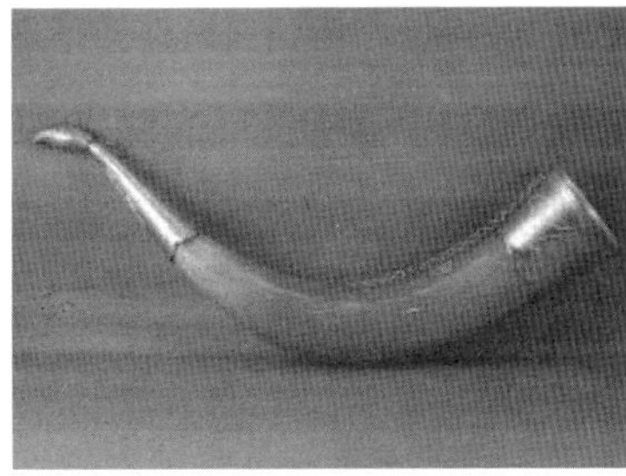
칸찌

성된다. 우리 농촌에서 마당에 김칫독을 묻듯이 크베브리도 땅 속에 파묻고 뚜껑 부분만 땅 위에 노출된다. 크베브리 내부는 밀랍과 송진으로 칠해서 흙냄새가 와인에 배지 않도록 한다. 조지아인들은 짐승 뿔로 만든 칸치(quantsi 또는 kantsi)나 동물 외피로 만든 용기로 와인을 마시기도 했다. 각 지역에 따라 마라니(marani), 아자르페샤(azarpesha), 칸치(quantsi), 쿨라(kula), 크닌츠하(kninchkha), 피알라(piala), 콰르콰라(qarqara), 친칠라(chichilla) 등 다양한 이름으로 불리는 나무, 점토, 구리, 은 등으로 만든 와인 컵과 용기를 사용하고 있다.

소련 시대 조지아의 와인 생산량은 몰다비아 공화국 다음 2위였다. 흑해 연안은 와인 재배에 알맞은 기후와 더불어 구릉지대가 많은데, 몰도바, 크림 반도, 조지아가 와인 생산지로 유명했다. 1950년 조지아의 포도밭 면적은 14만 3천 에이커(1에이커=약 4천 평방미터)였는데, 와인 수요가 늘면서 1981년에는 포도밭 면적이 두 배 이상 확대된 31만 6천 에이커가 되었다. 1985년 와인 생산량은 88만 1천 톤에 이르렀다. 독립 후 와인 생산과 수출량도 꾸준히 늘어나 2009년 1,380

만 병(750ml 병 기준) 생산된 와인은 2010년 1,580만 병으로 늘어났다. 2010년 기준 약 1,100만 병의 조지아 와인이 45개국에 수출되었다. 조지아 와인 주요 수입국은 러시아, 우크라이나, 카자흐스탄, 벨라루스, 폴란드, 라트비아 등 구소련권 국가이다. 장미 혁명으로 집권한 사카슈빌리 정권과 러시아의 관계가 악화되자 2006년 러시아는 조지아 와인과 조지아산 광천수의 수입을 전면 금지하기도 했다. 국제적으로 널리 알려진 레드 와인 브랜드로는 사페라비(Saperavi), 무쿠자니(Mukuzani), 킨즈마라울리(Kindzmarauli) 아할셰니(Akhalsheni), 화이트 와인으로는 치난달리(Chinandali), 트비쉬(T'vishi) 등이 있다.

3부

아제르바이잔의 역사와 문화

4장 • 아제르바이잔의 역사

고대와 중세

아제르바이잔에는 아주 먼 옛날 인류가 살았던 흔적이 남아있다. 피줄리(Fizuli) 지역의 아지흐(Azykh) 동굴의 가장 깊은 층의 유적은 약 70만 년 전의 것으로 추정된다. 1968년 아제르바이잔 지역에서 발견된 사람의 턱뼈 유골은 30만 년 전 것으로, 소련에서 발견된 가장 오래된 인골이다.

아제르바이잔의 아베이다그(Aveidag), 타글라르(Taglear), 담질리(Damjily), 야타게리(Yatagery)에서는 구석기 시대 유적이 발견되었다. 바투 남부 코부스탄(Qobustan) 바위의 그림은 사냥, 낚시, 노동, 춤 등을 나타내고 있는데, 중석기(Mesolithic) 시대에 그려진 것으로 추정된다. 기원전 6-4세기에 신석기 문화는 청동기 문화로 바뀌었고, 이 시기 사람들은 가옥을 짓고, 구리로 된 도구와 화살촉을 만들어 썼다.

기원전 8세기경 유목민족인 키메리아족과 스키타이족이 만나이(Mannai) 왕국 지역으로 들어와 정착했고, 아시리아는 우르미아 호수 서쪽에서 문명을 꽃피웠다. 이러한 민족들이 아제르바이잔의 첫 선

조라 할 수 있는 코카서스 알바니아인(Caucasian Albanians)이나 메디아인보다 먼저 이 지역에 들어온 민족으로 볼 수 있다.

아제르바이잔 지역에 최초로 부족 국가가 나타난 것은 기원전 4세기 즈음이다. 아제르바이잔 북부에는 코카서스 알바니아가 형성되었고, 현재는 이란 영토인 남부 지역에는 아투르파타칸(Aturpatakan) 또는 아트로파텐(Atropatene)이 존재했다. 아트로파텐이 아제르바이잔이란 명칭의 기원이 된 것으로 알려졌다. 이 국가들 이전에는 주변 강대국들이 이 지역을 침공하여 일시적으로 장악하였다. 기원전 6세기 고대 메디아(Media)가 장악하고 있던 아제르바이잔 지역에 페르시아의 키루스 대왕(Cyrus the Great)이 침입했고, 기원전 4세기에는 마케도니아의 알렉산드로스 대왕이 침입했다. 기원전 1세기에는 로마의 폼페이 장군이 코카서스 지역에 침입하여 카스피해 지역까지 진출했다. 로마 제국의 가장 동쪽 변경에 세워진 로마 제국의 표석이 바쿠 서남쪽에 아직도 남아 있다.

스트라보(Strabo), 프톨레미(Ptolemy), 플리니(Pliny) 같은 그리스의 역사학자들은 알바니아에 대한 기록을 남겼다. 이 기록에 의하면 당시 알바니아는 사르마티아족(Sarmatians)이 거주하는 대코카서스 산맥 북쪽의 스텝지역과 남쪽의 아라즈(Araz) 강 사이에서 번성했다. 당시 알바니아는 화원, 과수원, 포도원, 경작지와 초원을 소유했고, 소와 말 등의 가축 떼를 사육하고 어로, 사냥 등 다양한 경제 활동을 영위하던 부유한 국가로 기록되었다. 3세기경에는 간제(Ganje Ganja), 바르다(Barda, Partva), 셰키(Sheki), 나흐치반(Nakhchivan), 바쿠(Baku) 등이 교육과 수공업, 행정, 문화 중심지가 된 여러 도시가 세워졌다. 이중 바르다는 알바니아 왕국의 수도 역할을 했다. 4세기 초 코카서스 알바니아의 왕 우르아니르(Urnayr)는 기독교를 수용하여 국교로 삼았다. 5세기부터 7세기까지 알바니아는 가장 큰 영토를 확보하고 전성기를 맞았다. 그러나 알바니아는 완전히 독립된 국가는 아니었고, 주변의 큰 국가들, 특히 페르시아 사산 왕조의 가신국이었다. 6세기에 작성된 시리아 연대기(Syriac Chronicle of Zachariah of Mitylene)는 알바니아를 고유의 언어와 국민, 페르시아 황제(shah)의 가신(vassal)인 왕을 가진 독자적 국가로 서술했다.[1]

630년대 아랍 칼리프 군대가 남코카서스를 침입했을 때, 알바니아인들은 사산 왕조와 힘을 합쳐 아랍 군대와 싸웠으나, 결국은 아랍의 지배를 받아들일 수밖에 없었다. 알바니아 공후 자반쉬르(Javanshir)는 667년 협상을 통하여 아랍 칼리프(caliphate)의 가신국이 되었다. 아랍 군대가 바르다(Barda), 나흐치반(Nakhchivan), 데르벤드(Derbend) 같은 전략적으로 중요한 도시에 주둔했지만, 지역 실력자를 통한 간접적 지배를 했다. 820년부터 837년까지 아랍 지배에 저항하는 바벡(Babek)이 이끈 쿠라미트(Khuramit) 운동이 일어나기도 했다. 아제르바이잔 지역의 이슬람화는 이때부터 시작된다. 아랍인들이 알바니아에 정착하여 비이슬람교도에게 높은 세금을 부과하면서 알바니아 주민 대부분은 결국 이슬람화되었다. 이슬람화되기 이전의 알바니아에는 기독교 교회가 존재했었던 것으로 믿어진다.

알바니아는 6세기 초에 쿠라(Kura) 강 좌안에 대한 지배권을 잃었

---

1. Altstadt, A., *The Azerbaijan Turks*, 4.

시르반샤 유적

바쿠 구시가지 메이든 타워

다. 시르반(Shirvan)지역에서는 "시르반샤(Shirvansha)라고 불리는 새로운 국가가 나타났다. 원래 사산 왕조가 카자르족의 침입에 대비하여 국경 지역에 세운 이 작은 국가는 후에 북동쪽으로는 데르벤드, 쉐키를 포함하는 지역으로 확장되었고, 아라즈 강 남쪽의 무간(Mughan) 스텝까지 영역을 넓혔다. 아슈리베일리와 러시아의 동방학자 미노르스키(Vladimir Minorsky)는 시르반샤 국가를 차례로 지배한 네 왕조가 있다는데 의견을 같이 하고 있다. 첫째 왕조는 사산 왕조가 북쪽 국경을 방어하기 위해 이용한 왕조이고, 두 번째는 아랍의 미쟈디드(Mazyadid) 왕조(9-11세기), 케스라니드(Kesranid) 왕조(11-14세기, 미노르스키가 이렇게 명칭을 붙임), 마지막으로 케스라니드 왕조의 한 분파인 데르벤드 시르반샤(1382-약1539년)이다.[2]

시르반이 영향력을 크게 확대한 것은 간제나 바르다 같은 주요 도시를 병합하며 가장 큰 영토를 확보한 10세기였다. 시르반은 이전의 알바니아만큼 부유했다. 아랍의 사료들을 보면, 10세기와 11세기 시르반의 가장 중요한 재원은 기름과 소금이었다. 시르반샤는 주변 정세에 대한 유연한 대응으로 왕조를 유지했다. 이후 몽골과 티무르가 침입했을 때도 시르반샤는 이 세력들과 주종관계를 이루며 지배력을 이어갔다.

11세기부터 중앙아시아로부터 이주해 온 오우즈(Oghuz) 튀르트가 아제르바이잔 지역으로 밀려들어오기 시작했다. 아프칸 북부에 왕조를 건설한 가즈나비드족(Gaznavids)이 기원인 오우즈 튀르크는 1030년

---

2. 같은 책, 6.

아제르바이잔을 장악했다. 후에 아제르바이잔과 페르시아 전 지역을 차지하는 셀주크 제국은 오우즈 터키족의 서부 분파였다.

1220년대 몽골이 침입하여 아타베그(Atabeg)가 아제르바이잔 지역을 장악했다. 1235년 키예프 루스를 공격하러 가던 몽골군은 간자, 샴키르(Shamkir), 토부즈(Tovuz), 샤브란(Shabran)을 점령하고 파괴했다. 1330년대 몽골 세력이 약화되자 잘라이리드(Jalayirids) 왕가가 아제르바이잔 지역의 맹주가 되었으나, 1374년 술탄 후사인(Husain)을 마지막으로 왕가는 몰락하였다. 1380년대 티무르(Amir Timur)가 이 지역을 점령하자, 당시 지배 세력들은 티무르 통치에 적극 협력하였다. 당시 군주 이브라힘 1세 이븐 술탄 무함마드(Ibrahim I ibn Sultan Muhammad, 재위 1382-1405년)는 티무르를 주군으로 모시고, 티무르 형상을 새긴 동전을 만들고, 티무르 이름으로 금요일 기도를 암송하고, 금칸국의 토크타미쉬(Tokhtamysh)와 오스만 터키의 침입에 대항하여 티무르를 지원한 대가로 샤의 위치를 보존할 수 있었다. 티무르 사후 카라 유수프 카라코윤루(Kara Yusuf Karakoyunlu)가 남부 아제르바이잔 지역에서 세력을 잡자, 1420년 이브라힘은 카라 유수프를 자신의 주군으로 인정했고, 이에 대한 보상으로 카라 유수프는 이브라힘에게 쉐키에서 데르벤드에 이르는 영토를 하사함으로써 시르반 왕조는 다시 한번 영역을 확대할 수 있었다.[3]

그러나 남부 아제르바이잔 지역에 이란의 사파비(Safavids) 왕조가 부상하면서 시르반은 몰락하게 되었다. 사파비 왕조는 시르반을 병합하고 그 지역을 제국의 직할 행정체계에 포함시켰다. 사파비 왕조의 지배에 대한 저항운동은 수십 년간 지속되었다.

사파비 왕조의 첫 왕인 이스마일 1세(Ismail I, 재위 1501-24년)는 시아파 이슬람(Twelver Shiism)을 국교로 정했다. 인접한 두 수니파 터키 제국, 즉 서쪽의 오스만과 북동쪽의 중앙아시아 쉬바니드(Shivanids) 왕조와 지속적인 전쟁을 위한 정치적 도구로 이스마일은 시아파 이슬람을 국교로 채택했다. 제국의 다른 지역에서와 마찬가지로 코카서스의 이슬람들은 시아파 이슬람을 받아들이라는 압력을 받았다. 시아파로의 개종은 이스마일과 그의 후계자인 타흐마스프 1세(Tahmasp I, 재위 1524-76년) 통치 기간 중에 완성되었다. 이러한 국교 선택은 아제르바이잔의 터키인들에게 두 가지 결과를 가져왔다. 하나는 페르시아와의 유대 강화와 16세기 터키-페르시아 문화의 융성이다. 두 번째로 아제르바이잔 터키인들은 다른 터키인들과 종교적으로 분리되었다.[4]

아제르바이잔의 투르크화와 16-19세기의 역사

터키인들이 언제 코카서스에 도착했는지, 동부 코카서스가 투르크화(Turkization)되었는지는 논쟁이 많은 주제이다. 아제르바이잔 학자들은 자신들의 땅에 대한 이민족들이 연고권을 주장하는 것을 무력화시키기 위해, 아제르바이잔인들이 이 지역에 오래전부터 거주했고, 이 지역이 세습 재산이나 마찬가지라고 주장한다. '아제르바이잔의 역사(The History of Azerbaijan)'는 "우리 시대의 시작 때"부터 시작되어 5세기, 7세기, 9세기, 11세기에 확대된 터키어를 사용하는 부족

3. Altstadt, 5.
4. 같은 책, 5.

들의 침입에 대해 언급하고 있다. 아슈르베일리는 "고대부터" 시르반 지역에서는 코카서스어, 이란어, 터키어를 사용하는 부족들이 혼합되고, "6세기부터 아란, 시르반, 무그한 지역으로의 터키인들의 이주가 시작되었다"라고 기록했다.[5] 동부 코카서스가 완전히 투르크화된 것은 11세기 셀주크 터키인들이 도착한 시기부터라고 볼 수 있고, 13세기 몽골 침입 시기에 터키인들의 이주로 인해 투르크화가 완전히 공고화되었다.

코카서스 지역에 7세기경부터 튀르크족이 나타났고, 9세기 동부에서 오우즈(Oghuz) 튀르크가 이주해 오면서 이 지역의 다수 주민이 되었다. 오우즈 튀르크는 현대 아제르바이잔인들의 조상으로 간주된다. 11세기 투르크-페르시아 셀주크가 코카서스를 점령하면서 투르크 문화의 영향력은 더욱 강해졌고, 이슬람도 넓게 확산되었다. 몽골 침입으로 약화된 튀르크족의 영향력은 15세기 오스만 제국의 등장으로 부활되었다.

16세기부터 19세기 초까지 아제르바이잔은 남쪽의 두 제국 이란과 오스만 터키의 각축 속에 양 제국의 영향을 받았고, 양 제국의 흥망성쇠에 따라 국경이 달라졌다. 페르시아 사파비드 왕조가 쇠락한 18세기 중반부터는 각 지역의 지배자들이 독자 세력을 구축하는 칸국 시대가 지속되기도 하였다.

16세기에 코카서스에서의 이란 사파비 왕조의 지배권은 공고화되었다. 사파비 왕조의 창설자인 샤 이스마일 1세(Shah Ismail I, 재위 1501-1524년)는 오늘날의 아제르바이잔에서 멀지 않은 이란 북부 아르데빌(Ardebil) 출신으로, 페르시아어와 아제르어 모두에 능통하고 혈통적으로도 양국의 피를 이어받았다. 그는 하타이(Khatai)라는 필명으로 아제르어 시를 쓰기도 했다.[6] 1722년 사파비 왕조의 맥이 끊기고, 1747년 나디르 샤(Nadir Shah, Afshar)가 암살되자 아제르바이잔 지역에 대한 사파비 왕조의 중앙지배는 끝이 나고, 각 지역 지배자들이 독자적 세력을 구축했다. 바쿠, 구바(Guba), 쉐키(Sheki), 샤마흐(Shamakh), 카라바흐(Karabagh), 나흐치반(Nakhchivan), 예레반(Erevan)에 칸국(Khanate)이 생겼다. 이 작은 국가들을 다스린 칸들은 이슬람이었고, 터키인이었던 듯하다. 종종 피비린내 나는 권력 투쟁이 각 칸국 내부에서나 칸국 사이에서 발생하여 불안정한 시기가 한동안 지속되었다. 인종, 종교, 종파의 혼합이 일어나고, 유목민과 정착민도 혼합되었다. 동부 코카서스 인구의 주류는 '투르크계 부족들(Turcoman tribes)'이라고 불렸고, 이들 중 일부는 유목민이었고, 일부는 반유목민, 나머지는 농업을 생업으로 하는 정착민이었다. 이 지역에 자리잡은 정착민에는 카라바흐의 자반쉬르족(Javanshirs), 쿠르드족(Kurds), 레즈기족(Lezghi), 아바르족(Avars) 등이 있었다. 18세기 중반의 수니파와 시아파의 피비린내 나는 반목은 18세기 말에 많이 가라앉았다.[7]

샤 이스마일 1세 시기 아제르바이잔 지역 주민들은 시아파로 개종하였다. 이로 인해 아제르바이잔의 투르크인들은 수니파인 오스만제국의 투르크인들과 다른 종교적 성향을 갖게 되었다. 아제르바

5. Altstadt, 5-6.
6. De Waal, 24.
7. Altstadt, 7-8.

이잔의 투르크는 다른 투르크 민족들과는 인종적, 언어적 연계를 유지했지만, 종교적 결속은 페르시아어를 말하는 이란인들과 맺었다. 이들은 종교 위계 체제와, 제3대 샤 이맘 알리 후세인의 순교를 기리는 아슈라 기념일(Day of Ashura) 같은 기념일을 공유한다.[8]

사파비 왕조의 지배가 코카서스 국가들의 독립성과 행정적 지배를 종식시켰다. 16세기부터 코카서스는 베클레르베크(beklerbeks)라고 불리는 행정관에 의해 사파비 왕조와 행정적으로 병합되었다. 코카서스 지역은 네 개의 베를레르베크 지역으로 나뉘어졌다. 타브리즈 시에 중심을 둔 타브리즈(Tabriz), 나흐치반에 중심을 둔 슈쿠르-사아다(Shukhur-Saada), 샤마흐에 중심을 둔 시르반, 간제(Ganja)에 중심을 카라바흐(Karabagh)가 그 네 지역이다. 사파비 왕조는 이 네 지역을 아제르바이잔이라고 불렀다.[9]

1736년 아제르바이잔 지역인 무간(Mughan)에서 사파비 왕조의 샤로 즉위한 나디르(Narir Shah)는 뛰어난 군사적 능력을 발휘하여 주변국들을 점령하여, 사산 왕조 이후 가장 넓은 지역을 차지했다. 그는 코카서스 전 지역과 메소포타미아, 아나톨리아, 중앙아시아 일부 지역에 이르는 광대한 제국을 건설했다. 그는 무굴 제국과의 전쟁에서도 승리하여 델리까지 진격하기도 했다. 1747년 나디르 샤가 암살당하자 사파비 왕조는 극렬한 내분에 시달리며 아제르바이잔 지역은 각 지역의 칸국들이 군웅할거하는 시기가 시작되었다. 바쿠, 구바, 쉐키, 샤마흐, 카라바흐, 나흐치반, 예레반에 칸국(Khanate)이 생겼다. 이 작은 국가들을 다스린 칸들은 이슬람이었고, 인종적으로 터키인이었던 듯하다.[10]

러시아의 진출과 지배

러시아의 표트르 대제는 1710-20년대 카스피해 연안을 지배했으나, 그의 사후 코카서스에 대한 관심은 밀려나 안나 여제 시대인 1730년대에 러시아군은 이 지역에서 철수했다. 예카테리나 여제 시절 다시 남방 진출 정책을 적극 펼친 러시아는 흑해와 크림반도뿐만 아니라 코카서스 지역으로도 남하했다. 페르시아는 국내의 혼란을 극복하고 등장한 카자르(Qajar) 왕조가 러시아와 오스만 제국에게 빼앗긴 땅을 되찾기 위해 코카서스 지역을 공격했다. 1차 러시아-페르시아 전쟁(1804-13년)이 발발하자 일부 칸들은 두 세력의 경쟁을 이용해 자신의 입지를 높이려고 하였지만, 많은 칸들이 페르시아 편을 들었다. 러시아가 승기를 잡으면서 많은 칸들과 가족들은 페르시아로 망명했다.

1차 러시아-페르시아 전쟁에서 큰 공을 세운 것은 치치아노프(Pavel Tsitsianov) 장군이다. 1803년부터 1806년까지 러시아군의 사령관을 맡은 그는 러시아인들에게는 전쟁 영웅으로 존경받았지만 코카서스 주민들 사이에서 그는 "그의 작업은 쓰레기이다"라는 의미의 이슈포트도르(ishpokhdor)라고 불렸다. 그는 가장 잔인한 작전을 사용하기를 즐겨했던 것으로 알려져 있다. 그는 공격 작전을 거의 세우지 않고, 단지 칸들을 위협하여 항복을 받아내는 방법을 쓴 것으로

8. De Waal, 23.
9. 같은 책, 24-25.
10. Altstadt, 8.

기록되었다. 예레반에 대한 파괴가 워낙 철저하여, 예레반은 '정치체로서 절멸되었다'라고 기록되었다. 그의 휘하 여섯 명의 장군 중 다섯 명이 예레반 공격 작전이 잘못되었다고 생각할 정도였다. 그는 점령한 간제의 명칭을 엘리자폴(Elizavetpol, '엘리자베타의 도시'라는 뜻)로 바꾸었다. 그는 1806년 바쿠 외곽에서 매복에 걸려 총격을 받고 사망했다.[11] 러시아가 나폴레옹의 침입을 받으면서 1차 러시아-페르시아 전쟁은 종결되었고, 1813년 10월 굴리스탄 조약(Treaty of Gulistan)이 체결되었다. 이 조약으로 러시아와 이란의 국경은 대략 아라즈 강으로 정해졌다. 페르시아가 점령하고 있던 간제, 셰키, 시르반, 데르벤트, 구바, 바쿠, 탈리쉬(Talysh)가 러시아에게 양도되었다. 이 외에도 다게스탄과 조지아의 이메테리, 구리아, 밍그렐리아, 압하지아가 러시아의 수중에 들어왔다. 페르시아가 상실한 지역에 대한 회복을 꾀하면서 제2차 러시아-페르시아 전쟁(1826-28년)이 일어났다. 이 전쟁에서 러시아는 좀 더 결정적인 승리를 거두어 페르시아 내 타브리즈(Tabriz) 남부까지 진격했다. 전쟁은 투르크만차이조약(Treaty of Turkmanchai, 1828년)으로 종결되었는데, 1813년 조약에서 이란이 보유했던 예레반과 나흐치반이 러시아에 양도되었다. 영국의 간섭으로 타브리즈는 이란에 반환되었다. 조약에는 러시아와 이란 관계와 '거대 게임'에 큰 영향을 미친 관세와 법적 양보 조치에 대한 조항도 포함되어 있었다.[12]

러시아 지배 정책

러시아가 코카서스를 점령한 이후부터 1840년대까지 아제르바이잔은 러시아 군사당국이 직접 지배했다. 군사지휘관들은 지방 법률과 러시아 제국 법률을 혼합하여 행정을 수행하도록 권한을 위임받았다. 러시아 법률은 지방 법률이 없거나 적절하지 않은 부문에만 시행되도록 되어 있었지만, 군사 지휘관들은 지방 관습과 이슬람법에 대해 완전히 무지했다. 이 결과 러시아 법률의 적용범위가 크게 확대되었고, 이는 광범위한 주민들의 불만을 불러 일으켰다. 러시아 군사령관 파울루치(Philip Paulucci, 1811-12년)는 상황을 개선해 보고자 지역 군지휘관들과 주민 대표들로 구성된 행정위원회를 구성했다. 그러나 이런 노력에도 불구하고, 러시아 법률의 적용범위는 계속 확대되었다.[13]

1830년대 후반, 군사행정을 민간행정체제로 대체하려는 노력이 시도되었다. 1840년 새로운 행정체제 법률이 완성되어 1841년부터 시행되었다. 이 당시 트랜스코카서스(Zakavkaz, 러시아 관점에서 이렇게 불렸다)는 티플리스(Tiflis)를 행정 중심지로 하는 조지아-이메레티아 지방(guberniia)과 샤마흐를 중심지로 하는 카스피주(州, Caspian oblast)로 나뉘었다. 두 지방의 경계 분할에 의해 간제(Elizavetpol)와 나흐치반은 조지아 지방에 들어오게 되었다. 조지아 총독 보론초프(MiKhail S. Vorontsov, 1844-54년)는 행정적 변화를 가속화하고 러시아 제국의 행정, 법률 제도를 확고하게 정착시켰다. 1846년 그는 티플리스, 쿠타이시(Kutaisi),

11. 같은 책, 18.
12. 같은 책, 16.
13. 같은 책, 39.

샤마흐, 데르벤드 네 개의 지방을 만드는 행정구역 개편을 했다. 새로운 행정 경계도 간제를 티플리스 지방의 관할에 들어가게 했다. 이러한 행정 구역 분할은 주민의 인종적 구성이나 이들의 희망, 역사적 전례 등을 고려하지 않았다. 1859년 샤마흐가 지진에 의해 파괴되자, 바쿠가 새로운 행정중심지가 되었다.[14]

19세기 후반 석유 경제

19세기 후반 아제르바이잔의 경제를 결정적으로 바꾼 것은 석유의 발견과 개발이다. 석유는 적어도 10세기부터 바쿠가 위치한 아프쉐론(Apsheron) 반도에서 수출되었다. 러시아는 칸들이 독점하고 있던 석유 독점권을 접수했다. 19세기 말 바쿠는 러시아 제국의 석유 중심지가 되었고, 세계적인 석유 생산지가 되었다. 1821년부터 1872년까지 러시아 정부는 석유 추출과 정제, 판매에 대한 일정 부분의 독점권을 유지했다. 1834년부터 1850년까지의 시기를 제외하고 개별 회사(taz farms)들은 정부 사업권을 따냈다. 사업권을 따낸 가장 대표적인 사업가는 아르메니아인인 미르조예프(I. M. Mirzoev)였다. 그는 1863년부터 사업권 양도 제도가 철폐된 1972년까지 사업권을 유지했다. 유전의 경매가 시작되었을 때 미르조예프와 바쿠의 다른 아르메니아 사업가들은 사업에 유리한 위치를 차지하고 있었다.[15]

아제르바이잔 최초의 정유소가 1859년 바쿠 외곽에 세워졌고, 최초의 등유 공장이 1863년에 만들어졌다. "석유 개발 붐(oil rush)"은 1870년대의 유정 개발과 함께 시작되었다. 이로 인한 바쿠의 경제적, 사회적 성격에 대한 충격은 매우 컸다. 석유 사업권은 경매를 통해 배분되었는데, 미르조예프는 유전 경매를 통해 많은 유전을 확보한 대표적 사업가가 되었다. 나머지 사업가들은 현지 아르메니아인들과 러시아인들이었고, 이들이 석유산업의 주류가 되었다. 이에 대비해서 아제바이잔인들은 소수만이 유전 획득에 성공했다. 아제르바이잔인들은 주로 소규모 채굴 사업과 정제에 종사했다. 1888년 54개의 석유 채굴 회사 중 아제르바이잔인이 소유한 것은 단 두 개에 불과했다.[16]

1873년 또 다른 사건이 석유산업의 팽창에 이바지했다. 유명한 알프레드 노벨(Alfred Nobel)의 형인 로버트 노벨(Robert Nobel)이 소총 개머리판용 목재를 구입하기 위해 바쿠에 왔다. 그는 바쿠에 머물며 석유정제 공장을 매입했다. 노벨이 바쿠에 도착했을 때, 12개의 석유회사와 적은 수의 노동자들만이 석유산업에 종사하고 있었다. 그러나 10년 만에 노벨의 석유회사는 세계적인 석유회사로 성장했다. 노벨의 석유회사는 바쿠에 진출한 대표적 서방 자본이 되었다. 당시의 사회주의 저술가들과 소련 시대 역사가들은 이것을 대표적인 자본주의자의 착취로 묘사했다. 로스차일드가(Rothschild's)도 바쿠 유전 개발에 뛰어들어 큰돈을 벌었다. 1884년 트랜스코카서스 철도가 완성되기 이전 어려운 수송 여건 속에서 노벨 석유회사는 볼가 강-발트해 운송로를 개척하여 미국 스탠다드오일에 의한 유럽 석유 공급 독

14. 같은 책, 40.
15. 같은 책, 21.
16. 같은 책, 30.

점을 막았다.[17]

석유산업의 급격한 팽창으로 바쿠는 흥청거리는 신흥도시(boomtown)가 되었다. 인구도 폭발적으로 증가해서 1870년대 만여 명에 불과했던 인구는 1900년에 25만 명으로 늘어났다. 러시아 전역과 페르시아와 기타 지역에서 노동자들이 몰려들었다.

아제르바이잔의 경제 부흥과 노동자들의 열악한 환경은 민족의식으로 무장한 진보적 지식인들의 민족운동을 탄생시켰다. 유럽과 오스만 제국에서 교육을 받은 지식인 그룹이 나타났다. 당대 대표적 지식인으로는 하산베이 자르다비(Hasan bey Zardabi), 미르자 파탈리 아훈도프(Mirza Fatali Akhundov), 미르자 엘레크바르 사비르(Mirza Alakbar Sabir), 젤릴 맘마드굴르자데(Jalil Mammadguluzadeh), 나리만 나리마노프(Nariman Narimanov)를 들 수 있다. 이들은 교육 개혁과 여성을 포함한 압제받는 계급의 해방을 위해 노력했다. 석유 사업으로 큰돈을 번 하즈 제이날아브딘 타기예프(Haji Zeynalabdin Taghiyev)는 자선, 교육 활동에 사재를 투자하여 병원, 학교, 고아원을 설립하였고, 많은 아제르 주민들이 중산층으로 올라서도록 도왔다.

타기예프

러-일 전쟁으로 러시아 제국의 지배력이 흔들리자 아제르바이잔도 정치, 경제 위기에 휘말렸다. 1904, 1905년 석유 노동자들이 대규모 파업과 시위를 일으켰고, 1905년 혁명 중에는 이슬람과 아르메니아계 주민들의 충돌이 벌어졌다. 차르 정부는 이러한 민족, 종교 갈등을 방치, 조장하여 분열-지배(divide and rule) 정책에 이용했다. 1911년 범터키, 범이슬람주의를 표방한 정치 결사인 무사바트당(Musavat Party)이 탄생했다. 라술라제(Mammed Amin Rasulzade)가 이끈 이 비밀결사는 계속 세력을 확장해 오다가 1917년 차르 정권이 붕괴하면서 아제르바이잔의 주도적 정치 세력으로 부상했다.

러시아 혁명과 아제르바이잔공화국

러시아 혁명 직후 조지아, 아르메니아와 함께 트랜스코카서스 연방공화국을 설립하려는 시도가 실패하면서 3개국은 개별적으로 독립을 선언했다. 아제르바이잔에서는 1918년 5월 28일 간제에서 아제르바이잔 민주공화국이 설립되었고, 라술자데가 초대 정부 수반으로 취임했다. 바쿠에서는 볼셰비키, 다쉬나크당, 멘셰비키 연합세력이 케말 파샤가 이끄는 터키군과 전투를 벌였다. "바쿠 코뮌(Baku Commune)"으로 불린 이 연합세력이 붕괴하면서, 영국이 조종하는 "중앙 카스피해 집정내각(Central Caspian Dictatorship)"이 탄생했다. 던스터빌 장군이 이끄는 영국군은 다쉬나크-아르메니아 민병대를 지원해 바쿠 방어에 나섰으나 1918년 9월 15일 아제르바이잔-오스만투르크군이 바쿠를 침략군으로부터 해방시켰다. 점령군에 의한 아르메니아인 학살이 자행되면서 아르메니아계 주민들은 도시를 탈출했다.

17. De Waal, 20-21.

1918년 10월 30일 오스만 제국이 무너지자 영국군이 다시 바쿠를 장악했다. 1919년 파리 평화회의에 아제르바이잔 정부는 대표단을 파견했고, 1920년 1월 연합국은 아제르바이잔의 독립을 승인했다. 1919년 중반 아제르바이잔의 상황이 안정되자 영국군은 철수를 했고, 이 틈을 타서 러시아 내전에서 승기를 잡은 볼셰비키 적군이 바쿠로 진격해 오면서 카라바흐 문제로 아르메니아와 충돌하고 있던 아제르바이잔은 큰 위기를 맞았다. 1920년 4월 28일 적군이 바쿠를 점령하면서 2년 남짓 존속했던 아제르바이잔 공화국은 붕괴되었다. 약 2만 명의 아제르 병력이 적군과의 전투에서 사망했지만, 주민의 상당수는 볼셰비키 정권 수립에 우호적이었다. 19세기 말부터 좌파 민족운동을 전개한 나리만 나리마노프가 볼셰비키 정부의 수장으로 취임했다. 1922년 3월 아제르바이잔은 조지아, 아르메니아와 함께 트랜스코카서스 연방공화국(Transcaucasian SFSR)을 출범시켰고, 1922년 12월 서명된 소연방조약안에 의해 트랜스코카서스 연방공화국은, 러시아 연방공화국, 우크라이나 연방공화국, 벨라루스 연방공화국과 함께 소비에트 연방 창설 공화국이 되었다.

소련 시대

아제르바이잔에서는 공산 정권이 수립된 1920년대 초부터 2차 대전까지 약 30년간 인적 숙청과 탄압이 진행되었다. 이러한 탄압은 대략 세 시기로 나누어 볼 수 있다. 첫 시기는 소비에트 정권 지배와 공산당에 반대했던 인사들을 탄압했던 1920년대 초였다. 이전 정부의 인사들과 간제 등에서 무장 저항을 수행했던 사람들뿐 아니라, 정치적으로 아무런 중요성이 없는 사람들까지 수천 명이 처형되거나 추방되었다. 다른 희생자들은 소비에트 체제에 저항한 농민들, '쿨라크(kulak, 부농)', 종교 지도자들이었다. 이슬람 사원은 폐쇄되었고, 반종교 캠페인이 진행되었다.

좀 더 집중된 두 번째 단계의 탄압은 1920년대 후반과 1930년대 초반에 진행되었다. 이 시기에는 투르크 공동체의 지도자 역할을 한 소련의 모든 터키인들이 탄압의 대상이 되었다. 이들은 '민족적 공산주의자'로 낙인이 찍혔다. 이전의 무사바트 당원들과 동조하여 1930년대 후반에 진행된 '대숙청(Great Terror)'은 아제르바이잔에도 큰 인적 손실을 가져왔다. 이러한 탄압의 주역을 맡은 것은 바기로프(Mir Jafar Abasovich Baghirov, 1896-1956년)였다. 대숙청 때 재판을 받은 대표적인 정치인으로는 술타노프(Hamid Sultanov)를 꼽을 수 있고, 당대 최고의 시인이자 극작가인 후세인 자비드(Husein Javid, 1882-1941년)도 이때 체포되었다. 1937-38년 기간에 아제르바이잔에서 12만 명이 숙청된 것으로 평가하고 있다. 1926년 기준 인구가 총 260만 명인 나라에서 매우 큰 인적, 문화적 손실이었고, 이전의 집단화와 숙청 희생자를 포함하면 나라 전체에 매우 큰 타격이었다.[18]

2차 대전과 전후 시기

1941년 6월 소련을 침공한 독일군은 우크라이나 지역을 공격한 남부방면군이 바쿠 유전 점령을 목표로 무서운 속도로 진격해 왔으나,

---

18. Altdstadt, 39-40.

바쿠에는 도달하지 못하고 스탈린그라드에서 진격을 멈췄다. 2차 대전 중 아제르바이잔은 60-70만 명의 전투·비전투 인력을 공급하였고, 30-40만 명의 인명 손실을 입었다.

1950년대 스탈린 격하 운동과 해빙 무드는 아제르바이잔의 사회, 교육, 경제에 활력을 불어넣었고, 이 시기에 도시화와 산업화가 진행되었다. 그러나 민족 간 동화를 내세운 50년대 말부터 "러시아화" 정책이 펼쳐져서 러시아어와 문화의 보급이 확산되었다. 60년대 소련 체제가 성장의 한계에 다다르면서 아제르바이잔도 경제적 침체기에 들어섰다. 아제르바이잔의 원유 산업은 매장량이 한계를 드러내고, 서시베리아 지역 등 소련 다른 지역의 유전 개발이 활발해 지면서 석유 산업이 내리막길을 걷기 시작했다. 카스피해의 해상 유정 개발은 당시 유가로는 경제성이 떨어졌다. 석유 산업 의존도가 너무 컸던 아제르바이잔은 소련 공화국 중 타지키스탄 다음으로 산업생산성이 가장 낮은 공화국이 되었다. 또한 아르메니아와의 민족 갈등의 씨앗은 점점 커지고 있었으나, 소련의 강압적 정책으로 수면 아래로 잠재한 상태였다. 소련 정부는 아제르바이잔의 위기를 타개하기 위해 1969년 헤이다르 알리예프(Heydar Aliyev)를 아제르바이잔 당 제1서기로 임명했다. 그는 아제르바이잔 지도부를 빠르게 장악하고, 아제르인들을 대거 공화국 지도부에 기용했다. 알리예프는 석유 산업 의존도를 낮추기 위해 면화 등 농업 생산 증진에 힘을 쏟았으나 큰 성과를 거두지는 못하였다. 그는 1982년 소련 공산당 정치국원이 되고, 얼마 후 당 부서기장으로 임명되어 소련 중앙 정계로 진출하였다. 고르바초프 집권 후 페레스트로이카 정책에 반대하던 알리예프는 1987년 정치국원직에서 해임되어 고향인 나흐치반으로 귀향하여 정치에서 은퇴한 것으로 보였다.

1980년대 후반 소련의 개혁, 개방 정책이 본격화되면서 민족 자립 운동과 더불어 잠재해 있던 민족 갈등도 분출했다. 1988년 2월 나고르노-카라바흐에서 아르메니아계가 장악한 의회가 아르메니아와의 통합을 의결하면서 민족 분규가 촉발되어 아제르바이잔인들이 강제로 추방되었고, 3월 바쿠와 숨가이트(Sumgait)의 아르메니아인들 다수가 희생당하는 사건이 벌어졌다. 모스크바가 직접 나서 지역에 계엄령을 선포하고 사태를 진정시켰으나 유혈 사태로 인해 양측의 사상자가 다수 발생했다. 1989년 가을 아제르바이잔 민족해방전선(Popular Front of Azerbaijan)이 결성되어 민족주의 운동을 이끌었다. 그러나 민족해방전선 내에서도 보수-이슬람 세력과 온건 세력이 대립하는 양상을 보였다. 바쿠에서는 반아르메니아 시위와 폭동이 발생하여 아르메니아인들이 희생되었고, 소련군이 파견되어 사태를 진정시키려 했으나, 강압적 진압으로 많은 희생자가 발생했다. 1990년 1월 20일 바쿠의 민족 자주 시위를 진압하던 소련군의 무력 사용으로 132명이 사망하는 사건이 벌어졌다.

독립 아제르바이잔

8월 모스크바의 보수파 쿠데타가 실패로 돌아간 직후인 8월 30일 아제르바이잔 최고회의는 아제르바이잔의 독립을 선언했다. 1991년 말 나고르노-카라바흐의 민족 분규는 전면전 양상을 띠었고, 휴전 협정이 서명되었지만 양측의 일촉즉발 대립은 계속되었다. 아르메니아군은 나고르노-카라바흐를 장악하고, 아제르바이잔에서 나고르노-카라바흐로 연결되는 도로를 차단했다. 아제르바이잔은 독립 과정에서 소련의 다른 어느 공화국보다 많은 인명 희생을 치렀고, 독립 후에도 민족 갈등으로 인한 준전시상태가 계속 이어졌다. 1991년 9월 8일 치러진 대통령 선거에서 아야즈 뮈탈리보프(Ayaz Mutallibov)가 초대 대통령으로 선출되었다. 1991년 12월 독립에 대한 국민투표에서 국민 절대다수가 독립을 지지하였고, 아제르바이잔은 터키, 이스라엘, 루마니아, 파키스탄 등에 의해 즉각 국가 승인을 받았다.

나고르노-카라바흐 사태는 계속 진정이 되지 않았고, 평화적 해결 시도도 번번이 실패로 돌아갔다. 1992년 초 카라바흐의 아르메니아계 지도부는 아제르바이잔으로부터의 독립을 선언했다. 이어 발생한 아제르바이잔과 아르메니아의 전투에서 러시아군의 지원을 받은 아르메니아가 승기를 잡았다. 1992년 2월 25일 나고르노-카라바흐의 아제르바이잔 거주 지역인 코잘리(Khojaly)에서 발생한 아제르 주민 학살 사건에 아제르바이잔 정부가 적절하게 대처하지 못한 것에 거센 비난이 일면서 뮈탈리보프 대통령은 사임했다. 5월 최고회의가 뮈탈리보프의 사임을 번복시키고 그를 다시 대통령직에 복귀시키려고 하자 민족해방전선이 주도한 쿠데타가 일어나 정부 주요 시설을 점거했다. 뮈탈리보프는 모스크바로 도망을 가고, 쿠데타 세력은 최고회의를 해산시키고, 민족해방전선과 공산당이 의석을 반반씩 차지하는 의회를 구성하였다. 국회의장을 맡은 이사 감바르(Isa Gambar)가 정식 대통령 선거가 치러지는 6월까지 임시 대통령직을 맡았다. 1992년 6월 17일 치러진 대통령 선거에서 소련 시대 반체제 인

아뷜파즈 엘치베이

사이고 민족해방전선 지도자인 아뷜파즈 엘치베이(Abulfaz Elchibey)가 60%가 넘는 지지율로 대통령에 당선되었다. 그러나 엘치베이도 1년이 되지 않아 전임 대통령 뮈탈리보프와 똑같은 상황을 맞았다. 나고르노-카라바흐 전투에서 아제르바이잔이 계속 수세에 몰리고, 경제 상황도 악화되었다. 나흐치반에 물러나 있던 헤이다르 알리예프는 민족적 감정을 조장하며 야당세력을 키워갔다. 1993년 6월 간제에서 엘치베이 정권에 대항하는 군사 봉기가 일어나면서 엘치베이의 권력 기반은 급격히 무너졌다. 8월에 있는 국민신임투표에서 패배한 엘치베이는 대통령직을 사임했다. 10월 3일 치러진 대통령 선거에서 알리예프는 압도적 지지로 대통령에 당선되어 10여년 만에 아제르바이잔 지도자로 복귀했다. 공화국 당 제1서기를 거쳐 모스크바 중앙 정계에 진출했다가 다시 공화국 지도자로 복귀한 것은 그와 조지아의 셰바르나제 뿐이었다. 알리예프는 정적과 야당세력을 효율적으로 제압하며 권력 기반을 공고히 해나갔다. 1994년 수라트 후세이노프(Surat Huseynov) 등 야당 인사들이 체포되었고, 1996년 말에는

헤이다르 알리예프

국회의장을 지냈던 거물급 정치인 라술 쿨리예프(Rasul Quliyev)가 해외로 망명하였다.

1994년 "세기의 계약(Contract of Century)"이라고 불린 아제리-치락-구네슐리(Azeri-Chirag-Gunshli) 유전 개발로 원유 수출이 획기적으로 늘면서 아제르바이잔 경제는 살아나기 시작했다. 1998년 10월 알리예프는 큰 어려움 없이 대통령 재선에 성공하였다. 오일 붐과 국제 유가 상승으로 아제르바이잔 경제는 계속 호황을 누렸으나 석유 분야 이외의 산업 발전은 더디게 이루어졌다. 1999년 샤 데니즈(Shah Deniz)에서 가스전이 발견되면서 아제르바이잔은 주요 가스 수출국이 되었다. 1993년에는 석유와 가스를 조지아를 통해 터키로 운송한 다음 서방 시장으로 수출하는 바쿠-트빌리시-제이한(BTC) 송유관과 바쿠-트빌리시-에르제룸 가스관 건설사업이 시작되였다. 송유관은 2005년 완공되었고, 가스관은 2006년 완공되었다.

2003년 4월 연로한 알리예프는 행사 중 쓰러져 건강을 회복하지

일함 알리예프

못했다. 그를 대신해서 총리를 맡고 있던 아들 일함 알리예프(Ilham Alilyev)가 국정을 이끌어 나갔다. 헤이다르 알리예프는 치료를 받던 미국에서 12월 12일 사망했다. 이 해 말 치러진 대통령 선거에서 일함 알리예프가 대통령에 당선되었다. 그는 2008년 87%의 지지로 재선에 성공한 후, 2009년 헌법 개정을 통해 재선으로 제한된 대통령 임기 제한을 철폐하고 장기 집권의 길을 열었다. 2010년 치러진 의회 선거에서는 독립 후 처음으로 전통 야당인 민족해방전선과 무사바트당 후보가 한 명도 당선되지 못하는 결과가 나왔다. 2011년 야당이 주축이 된 대규모 반정부 시위가 일어났으나 정부는 강경 진압책을 펼쳐 이후 약 400명의 야당 인사가 체포되었다. 2013년 일함 알리예프는 85%의 득표율로 어렵지 않게 대통령 3기를 시작했고, 2018년 10월 선거에서는 86%로 당선되어 4기 임기를 시작했다.

5장 • 아제르바이잔의 문화

5.1 아제르바이잔 언어와 문자

아제르 터키어(Azeri Turkish)라고도 불리는 아제르바이잔어는 아제르바이잔 내에서 쓰이는 북부 아제르바이잔어(Northern Azerbaijan)와 이란 내 거주 아제르인들이 사용하는 남부 아제르바이잔어(Southern Azerbainan)로 구분된다. 현재 아제르바이잔에는 약 천만 명의 인구가, 이란 북부에는 약 2,000-2,500만 명의 아제르인들이 거주한다. 북부 아제르바이잔어는 시르반(Shrvan) 지역 방언에 기반을 두었고, 남부 아제르바이잔어는 타브리즈(Tablizi) 지역 방언에 기반을 두었다.

고대 서사시 "다다 코르쿠드(Dada Qorqud)"가 쓰인 시기부터 아제르바이잔어 표준어(literary language) 전통이 확립되었다고 보는 학자들은 표준어 전통이 1,300년에 이른다고 주장하지만, 문어 표준어 전통은 13세기부터 형성된 것으로 보는 것이 일반적 견해이다. 아제르바이잔어는 코카서스 동부, 동부 아나톨리아, 이란 북부에서 공용어(lingua franca)로 쓰인다. 이 지역은 16세기부터 19세기까지 여러 페르시아 왕조(사파비드, 아프샤리드, 카자르)의 지배를 받았는데, 이 시기에 페르시아어와 아랍어의 영향을 많이 받았다. 16세기에 이르러 독자적 언어로 분기한 아제르바이잔어는 16-18세기의 초기 언어 시기(early period)와 18세기-현재의 현대 언어 시기(modern period)로 발달과정이 구분된다. 초기 시기의 언어는 페르시아와 아랍어에서 차용한 어휘와 구절, 구문적 특징의 영향이 강했다. 또한 초기에는 킵차크(Kypchak) 언어와도 대명사, 격어미, 소사 등에서 유사성을 보였다. 아제르바이잔은 7세기 아랍 칼리프 침입으로 이슬람화된 후 8세기부터 아랍 문자를 사용해 왔으나, 1923년 신생 소비에트 정부는 라틴 문자에 바탕을 둔 문자를 사용하도록 했다. 소련 당국은 1939년 시릴 문자를 사용하도록 하여 소련 붕괴까지 이 문자가 쓰이다가, 1991년 독립과 함께 다시 라틴 문자를 사용하기 시작했다. 19세기 중반에 만들어진 라틴 문자 기반 알파벳이 현재 사용되는 문자의 모태가 되었다. 아제르바이잔어는 1995년 제정된 국가 헌법에서 공식어(state language)의 지위를 인정받았다. 헌법 21조에는 "아제르바이잔어는 아제르바이잔공화국의 공식 국가 언어이고, 국가는 아제르바이잔어의 발전을 보장한다"라고 규정되어 있다.

아제르바이잔 알파벳

아제르바이잔 알파벳은 모음 8자, 자음 24자로 구성되어 있다. 아제르바이잔어는 철자는 32개이지만, 음운은 40개이다(모음 15, 자음 25)

[표] 아제르바이잔 문자

Aa	Bb,	Cc,	Çç,	Dd	Ee	Əə	Ff	Gg	Ğğ	Hh
Xx	Iı	İi	Jj	Kk	Qq	Ll	Mm	Nn	Oo	Öö
Pp	Rr	Ss	Şş	Tt	Uu	Üü	Vv	Yy	Zz	

Əə, Xx, and Qq를 제외하고는 터키 알파벳과 같다. 1928년 사용된 라틴 알파벳과 비교하면 아랍어의 'Ɑɑ'(키릴문자에서는 중간 획이 있는 'Ғғ') 대신에, 'Ğğ'[γ]([g]와 [h]의 중간 소리)가 도입되고, 연음을 나타내는 점이 없는 Iı가 도입되었다. 'Ƶƶ' 대신에 'Jj'[ʒ](키릴문자로는 'Ж')가 사용되고, "Ɵɵ" 대신에 "Öö"가, "Yy" 대신에 "Üü"가 도입되었다. "슈와(schwa)"라고 불리는 "Ə"는 [æ] 음을 표시한다.

아제르바이잔어의 계통과 특징

아제르바이잔어는 터키어와 같이 알타이어족(Altaic Language Family)에 속하는 언어이다. 알타이어족에는 터키어군(Turkic Group), 몽골어군, 만주어군과 한국어, 일본어가 들어간다. 아제르바이잔어는 터키어, 콰쉬콰이어(Qashqai, 이란 북부 지역 언어), 가가우즈어(Gagauz, 몰도바 남부에 거주하는 터키계 주민들 언어), 투르크멘어, 크림타타르어와 밀접히 관련되어 있어 상호 이해도(mutual intelligibility)가 높다. 아제르바이잔어는 한국어와 마찬가지로 어근에 접미사가 붙어 다양한 문법적 형태를 나타내는 교접어(agglutinative language)이고, 기본 어순도 한국어와 같이 주어-동사-목적어 순이다. 문법을 비롯한 언어적 특징은 터키어와 유사하여, 올림체와 하대체의 구별이 분명하고, 문장 주어 역할을 하는 대명사가 자주 생략된다.

아제르바이잔어는 동부 방언, 서부 방언, 북부 방언, 남부 방언 네 개의 방언 그룹으로 나뉜다. 바쿠를 중심으로 한 동부 방언 그룹에는 구바(Guba), 샤마흐, 란카란(Lankaran), 무간(Mughan) 방언이 들어가고, 서부 방언 그룹에는 간제(Ganja), 가자흐(Gazakh), 카라바흐(Karabakh), 아이림(Ayrym) 방언이 들어간다. 북부 방언 그룹에는 샤키(Shaki), 자카탈라-가흐(Zagatala-Gakh) 방언이 들어가고, 남부 방언 그룹에는 나흐치반(Nakhchivan)과 오르두바드(Ordubad) 방언이 들어간다. 아제르바이잔에는 소수민족 언어도 쓰인다. 주요 소수민족어로는 탈리쉬(Talysh), 레즈기(Lezgi), 아바르(Avar), 타트(Tat), 쿠르드어(Kurdish)를 들 수 있다. 아제르바이잔 남부 지역에 거주하는 탈리쉬족이 쓰는 탈리쉬어는 페르시아어의 북서어파에 들어간다. 아제르바이잔 북부 산악 지역에 주로 거주하는 레즈기족이 사용하는 레즈기어는 다게스탄어파에 들어간다. 페르시아어계에 속하는 타트어는 주로 카스피해 연안 지역에서 쓰인다. 아바르어는 코카서스어군에 들어가고, 아제르바이잔 서부에 주로 거주하는 쿠르드족이 사용하는 쿠르드어는 페르시아 서부어파에 들어간다.[1]

---

1. *Azerbaijan 100 Questions Answered*, 84.

5.2 아제르바이잔 문학사

고대-중세 문학

민간전승, 민담, 민요, 전설 등이 아제르바이잔 고대 문학의 뿌리가 되었다. 기원전 6세기의 조로아스터 전설인 '아베스타(Avesta)'와 메디아 제국 전설 등이 전해져 내려왔고, 고대 터키의 신화와 전설도 아제르바이잔 민간전승 문학의 소재가 되었다. 이중 가장 큰 역할을 한 것은 아제르바이잔, 터키, 투르크메니스탄의 원조인 오구즈 투르크에 대한 이야기를 모아놓은《데데 코르쿠드의 책(The Book of Dede Gorgud, Dədə Qorqud)》이다. 이 책은 오우즈 터키족 사이에서 오구즈 나메(Oghuz-nameh)라고 불린 전설(dastan)을 모은 것으로 중세시대 오우즈 터키족의 생활과 영웅적 투쟁과 전설을 담고 있다. 1815년 독일 드레스덴에서 발견된 판본은 12개의 이야기로 구성되어 있고, 언어는 현재의 아제르바이잔어와 가깝다. 1950년 바티칸에서 발견된 판본은 6개의 이야기만을 담고 있다. 데데 코르쿠드라는 유목민 화자가 이야기하는 전설들은 고대 시대와 7-12세기, 이야기가 기록된 15세기에 걸쳐 펼쳐진다. 고대 시대 이야기는 호머의 "오디세이아"와 유사한 점이 많아 호머가 중앙아시아 서부 지역에 퍼져있던 현지 전승신화에서 소재를 가져온 것이 아닌가하는 생각을 자아내게 한다. 이 책은 유네스코 기록 유산으로 등재되었고, 아제르바이잔 정부는 1980년 "데데 코르쿠드 1300주년 행사"를 성대하게 진행했다.

5세기 초 52글자로 구성된 알바니아 문자가 탄생했다. 알바니아 교회의 수장이었던 비로(Catholicos Viro)는 페르시아 신화를 알바니아어로 번역했다. 알바니아 문학은 7세기에 전성기를 맞는데, 당대의 대표적 시인인 다브다크(Davdak)가 통치자 자반쉬르(Javanshir)의 죽음을 애도하여 지은 추모시는 오늘날까지 전해진다. 7세기에 모이세이 카간카트파치다쉰라비(Moisey Kaghankatvatsi-Dashunravi)가 쓴《알바니아의 역사(History of Albania)》에는 당시의 민담과 이야기들을 담고 있다. 같은 7세기 므히타르 고쉬(Mkhitar Gosh)는《알바니아 연대기(Chronicles of Albania)》를 남겼다.[2]

아랍의 지배를 받아 이슬람이 확산된 7세기 중엽부터 모든 문학 작품은 아랍어로 써졌다. 7-8세기의 대표적 시인으로는 무사 셰하베트(Musa Shehavet), 이스마일 빈 야세르(Ismail bin Yaser), 압둘 아바스(Abdul Abbas) 등을 들 수 있다. 9세기 칼리프 세력이 아제르바이잔을 떠난 후 페르시아 문화와 문학이 주류의 자리를 잡았다. 그러나 아랍 문학 전통은 이후 몇 세기간 지속되었다. 11세기부터 소위 "궁정 문학(palace literature)" 또는 "디반 문학(divan literature)"이라고 불리는 글로 쓴 문학(written literature)이 자리를 잡았다. 궁정 문학의 대표적 작가인 카프탈 타브리지(Qatran Tabrizi, 1009-72년)는 시모음집인 디반(Divan)과 사전의 일종인《아트 타파시르(At-Tafasir)》를 썼다. 12세기에 활동한 시인 아불-울라 간자비(Abul-ula Ganjavi)는 '수석 시인'이란 뜻의 멜리쿠쉬-슈아라(Mulikush-Shurara) 칭호를 받았다. 12세기에 간제(Ganja)가 문화와 학문의 중심지 역할을 하며 많은 시인이 배출되었다. 아제르바이잔 최초의 여류 시인으로 평가받을 수 있는 마흐사티 간자

2. 같은 책, 85.

비(Mahsati Ganjavi, '간자의 마흐사티')는 도시와 장인들의 생활 방식을 묘사한 "샤흐라슈브(shahrashub, shahrangiz)"라는 시 형식을 만들어냈다. 이 시기 여류 시인 5인방이라 불리는 여류시인들이 활동을 했다. 당대 최고의 시인으로 꼽히는 하가니 쉬르바니(Khagani Shirvani, 1126-99년)는 사회적, 인본적 주제를 뛰어난 시 형식으로 표현했고, '가시다(gassida)'라는 송시 장르의 수준을 한 단계 높였다. 그는 〈두 이라크의 선물(Tohfet-ul-Iraqeyn)〉을 썼고, 약 1,700편의 2행시(couplet)를 남긴 것으로 전해진다. 그는 '시르반파'라는 시인 그룹의 선구자가 되었다. 니자마딘 아불 울라 간자비(Nizamaddin Abul Ula Ganjavi)와 팔라키 쉬르바니(Falaki Shirvani)가 '시르반파'에 속한다. 15세기로 넘어오면서 이마데딘 나시미(Imadeddin Nasimi, 1369-1417년)는 뛰어난 철학적 시를 남겼다. 그는 각각 다른 행을 3개국어로 쓰는 '물람마스(Mulammas)'라는 시 형식을 창안해 낸 것으로도 유명하다.

아제르바이잔 문학의 중세 황금 시기를 연 것은 니자미 간제비(Nizami Ganjevi, 1141-1209년)였다. 그는 단지 아제르바이잔 문학뿐만 아니라 동양 문학의 형식과 내용을 크게 발전시키고, 문학적 르네상스를 이끈 시인으로 평가받는다. 그는 위대한 시인이고 학자이자 사상가였으나 궁중 시인이 아니었기 때문에 그의 생애에 대해서 알려진 사실은 많지 않다. 이란에서는 그를 페르시아어로 시를 쓴 이란의 시인으로 여긴다. 함세(Khamsa)라고도 알려진 그의 5시집(Quinary)은 《비밀의 보고(The Treasure of Secrets)》(1174-75년), 《호스로프와 쉬린(Khosrov and Shirin)》(1180년), 《레일리와 메주눈(Leyli and Majnun)》(1188년), 《일곱 명의 미인들(Seven Beauties)》(1197년), 《이스칸데르나마(Iskandernama: The Book of

간자비 초상

피줄리 초상

Alexander)》(1200-03년)로 구성되어 있다. 그의 시와 디반(divan) 문학은 2만 개의 2행시(couplet)에 이를 정도로 그는 많은 작품을 썼으나, 현재는 디반 시의 일부만 전해져 내려올 뿐이다. 그의 시를 보면 그가 천문학, 의학, 철학, 교육 등 다양한 분야에 걸쳐 박학한 지식을 소유한 학자였음을 알 수 있다.[3]

마함마드 피줄리(Mahammad Fuzuli, 1494-1556년)에 와서 아제르바이잔 고전 시가는 절정기를 누렸고, 중세 표준어 형성에 크게 기여했다. "영혼의 시인(poet of soul)"이라고 불린 그는 아랍어, 페르시아어, 아제르바이잔어로 시와 산문을 썼다. 여기 소개된 작품 〈레일리와 메주

3. 허승철, 《코카서스 3국의 문학 산책》, 165.

눈〉은 그의 대표작이고, 아제르바이잔 중세 문학의 보석과 같은 작품이다. 그는 우화적 작품도 썼는데, "아편과 술"이라는 뜻인 〈반구-바데(Bangu-Bade)〉는 당시의 정치와 여러 지도자의 모습을 담고 있다.[4]

오, 사키(Saki)여, 내 얘기를 들어보세요. 와인을 잔에 가득 채워
가져와서 마시고 이 세상을 더럽히는 염려를 잊읍시다.
당신의 가슴을 열어
나의 슬픈 이야기에 동정해 주세요.
자 이제 시작합시다. 나의 소중한 피를 말립시다.
잔인한 근심걱정으로 나의 가슴은 찢어졌습니다.
어서 와인을 가져오세요. 내가 잔뜩 마시고
거침없이 천천히 돌아가는 운명의 수레바퀴에
귀를 기울이지 않도록 내 마음의 감각을 없게 만들겠소.
나는 그 고문과 고통을 모르지만
어떠한 불변성이나 가치도
눈이 먼 채 돌아가는 운명의 수레바퀴를 칭송하지 않습니다.
영원한 시간의 회전에 거칠게 내던진
이 돌고 도는 세상은 선을 위해 일하고 있나요?
연인 한 쌍이 달콤하게 결합하게 해주거나,
불과 물이 마술처럼 결합하게 해주세요.
그러면 왜 우리가 동정하는 이 두 사람이
잡혀있는 자신들의 처지에 희망을 가질 이유가 있는가요.[5]

— 〈레일리와 메주눈〉 8연, 불행한 사랑에 대한 시인의 언급

피줄리와 비슷한 시기의 위대한 시인으로는 페르시아 사파비 왕조의 시조인 샤 이스마일 하타이(Shah Ismail Khatai, 1487-1524년)를 꼽을 수 있다. "하타이(아랍어로 '죄인'이라는 뜻)"라는 필명을 쓴 그는 아제르바이잔어와 페르시아어로 시를 썼다. 그는 약 1,400편의 시를 아제르바이잔어로 쓴 것으로 알려졌다. 그는 사랑과 수피즘 주제를 서정적이고 교훈적인 방식으로 다룬 시를 썼는데, 많은 사람들이 이해할 수 있는 단순한 언어를 선호했다. 그는 교훈집이라고 할 수 있는 〈나시하트나메(Nasihatnāme)〉, 미완성작인 사랑의 찬가인 〈다흐나메(Dahnāme)〉를 남겼다. 메시크(Aga Mesikh)가 쓴 〈바르가와 굴샤〉는 17-18세기 아제르바이잔어로 쓰인 최고의 서정시로 꼽힌다. 관리이자 외교관으로도 활동한 몰라 파나흐 바기프(Molla Panah Vagif, 1717-97년)는 아제르바이잔 고전 문학의 대표적인 시들을 썼다. 〈잠시 날개짓을 멈추어라〉, 〈백학〉, 〈오늘은 축일이다〉, 〈너의 입술은 루비색이다〉 같은 시들을 남겼다. 몰라[6] 밸리 비다디(Molla Vali Vidadi, 1707-1808년)는 평생을 고향에서 살며 자신이 세운 종교학교에서 가르친 것으로 알려졌다. 그가 조지아(카헤티) 왕 에레클레 2세 시

몰라 밸리 비다디

4. 같은 책, 167.

5. 같은 책, 166.

6. 몰라(Molla) - 물라(Mullah)라고도 쓰며, 전통적으로 종교적 지도자나 학식이 높은 사람을 높이는 존칭으로 쓰였지만, 개인 이름 앞에 붙으면 고유명사가 된다.

기에 티플리스에 머물며 궁정 시인 역할을 했다는 설도 있다. 비다디의 초기 시는 낙관적 인생관을 보였지만, 후기로 갈수록 비관주의로 변했다. 단순하면서도 사실적인 그의 시풍은 아제르바이잔의 전통 민요 장르인 아쉬크(ashik, aşıq)와 많이 닮았다는 평가를 받는다. 그는 몰라 파나흐 바기프와의 시를 통한 교신을 남겼다.[7] 그의 시 "백학"의 4-5연은 다음과 같다.

> 너희들의 고향, 너희들의 조국은 바그다드이고,
> 너희들의 깃털은 부자들의 오락거리이다.
> 내 마음 속에 너희들의 노래가 현처럼 울린다
> 백학들이여, 너희들은 무엇을 위해 나의 가슴을 찢는 것이냐?
>
> 친구들이여, 너희들이 병든 나에 대해서 물어보면,
> 나는 떨리는 붓으로 편지를 쓸 것이다.
> 병든 비다디에 대한 편지를 바그다드에 있는 그의 집으로
> 언젠가 물고 가주기를 바란다, 백학들이여.[8]

19세기부터 현대까지

카라바흐에서 활동한 가심 바이 자키르(Gasym Bay Zakir, 1784-1857년)는 바기프의 영향을 많이 받았는데, 비판적이고 사실적인 풍자시를 썼다. 간제에서 태어난 미르자 샤피 바제흐(Mirza Shafi Vazeh, 1794-1852년)도 간제에서 태어났다. 그는 삶의 기쁨과 지혜, 인간의 선을 주로 노래했다. 1844년 그는 당시 코카서스의 지식, 문화 중심지였던 트빌리

시에서 디반-이-히크마트(Divan-i-Hikmat)라는 문학 서클을 조직했다. 그의 시는 일찍 유럽에 소개되었는데, 여기에는 문학적 기만이 큰 작용을 했다. 바제흐가 조직한 문학 서클에 가입한 독일 학자인 프레드리흐 본 보덴스테트(Friedrich von Bodenstedt)는 시를 적지 않고 주로 낭송만 하는 미르자 샤피의 시를 받아 적어 놓았다가, 1851년 독일로 귀국한 후 독일어로 번역하여 〈미르자 샤피의 노래〉라는 제목으로 출판하였다. 이 시집은 바로 큰 반향을 일으켜 유럽의 주요 언어로 번역되었다. 그는 이 시집에 실린 시들의 작가가 자신이라고 속였지만, 20세기가 되어 다른 학자들이 그의 속임수를 밝혀냈다.[9]

쿠르쉬드바누 나타반(Khurshudbanu Natavan, 1832-97년)은 19세기 대표적 여류 시인이다. 왕족의 후예로 태어난 그녀는 1858년 파리를 방문하여 알렉산더 두마와 교유를 맺고, 1872년 당대 유명시인들의 문학서클인 "친구들의 연합(Majlis-i Uns)"을 조직하였다. 자연에 대한 찬미와 자식에 대한 어머니의 사랑 등을 주제로 시를 쓴 그녀는 〈제비꽃(Violet)〉, 〈카네이션〉, 〈너 없이는〉 같은 시를 남겼다.[10] 미르자 엘레크바르 사비르(Mirza Alekber Sabir, 1862-1911년)는 풍자적 시로 명성을 얻었다. 그는 모순적인 사회 현실을 풍자하는 사실주의 경향의 시와 산문을 썼지만, 시의 기저에는 휴머니즘과 자유에 대한 깊은 사랑이 흘렀다. 그는 "나쁜 것은 나쁘다고, 잘못된 것은 잘못되었다고, 옳은

7. 같은 책, 173.
8. 같은 책, 172.
9. 같은 책, 171.
10. *Azerbaijan 100 Questions Answered*, 89.

미르자 사비르

것은 옳다고" 쓰는 것이 자신의 의무라고 주장했다. 〈신이여, 그것은 당신에게 필요한 것이 아닙니다〉도 그중 하나이고, 여기에 1-2연이 소개된 〈나와 무슨 상관이 있는가?〉는 그의 대표적 풍자적 시이다.[11]

우리 민족이 약탈당한다고 해도 나와 무슨 상관이 있는가?
그들이 고난에 시달린다고 해도 나와 무슨 상관이 있는가?
내 배가 부른데, 남들은 나와 무슨 상관이 있는가?
내 배가 부르면 그들은 전혀 신경이 쓰이지 않는다.
온 세상이 굶주린다고 해도 나와 무슨 상관이 있는가?

쉿, 조용히 해라. 잠든 자들을 계속 자도록 놔 두어라.
누군가 잠든 자들을 깨우고 눈을 뜨게 하기를 나는 원하지 않는다.
만약 누가 깨어났다고 해도, 부디 신이
나만 계속 잘 살게 해주기를 바란다.
우리 민족이 약탈당한다고 해도 나와 무슨 상관이 있는가?
그들이 고난에 시달린다고 해도 나와 무슨 상관이 있는가?[12]

미르자 파탈리 아훈도프(Mirza Fatali Akhundov, 1812-78년)는 알렉산드르 푸쉬킨의 죽음을 애도하는 "동양의 서사시(Sherg poemasi)"를 써서 유명해졌다. 그는 1850-57년 사이 여섯 개의 희극을 연속으로 써서 아제르바이잔 희곡 발전에 새로운 전기를 마련했다. 시인이자 희곡작가인 후세인 자비드(Huseyn Javid, 1882-1941년)는 20세기 초반 신낭만주의 사조를 개척했다. 그는 서정적 서사시와 운문으로 쓴 희곡이 유명하다. 대표작으로는 〈예언가〉(1921), 〈토팔 테이무르(Topal Teymur)〉(1925), 〈세야부쉬(Seyavush)〉(1933) 등이 유명하고 비극《악마》(1918)도 썼다.

모함마드 후세인 샤흐리야르(Mohammad hussein Shahriyar, 1905-88년)는 20세기 아제르바이잔과 이란의 대표적 시인 중 한 사람이다. 1920년대부터 시작 활동을 한 그는 1931년 첫 시집을 출간하였다. 아제르바이잔과 페르시아어로 시를 쓴 그는 양국의 시적 전통을 잘 결합하여 좋은 작품을 썼다. 정의, 자유, 도덕성, 낙관성 등이 그의 시의 주제로 자주 등장하고, 아제르바이잔 자연과 풍습, 전통의 아름다움을 노래하고 조국에 대한 한없는 사랑을 시에 담았다.[13] 여기 1-2연이 소개된 〈안녕하세요, 헤이다르 바바〉는 아제르바이잔에 널리 알려진 그의 대표시이다.

헤이다르 바바[14]여, 하늘에 천둥이 울리고,
홍수가 산악 계곡을 휩쓸고 내려오고,

---

11. 허승철, 176.
12. 같은 책, 174.
13. 같은 책, 191.
14. 헤이다르 바바는 아제르바이잔인들이 많이 사는 이란 북부 타브리즈 인근의 산으로, 시인은 이 지역에서 보낸 자신의 어린 시절을 회상하며 이 시를 썼다.

소녀들이 쏟아져 흘러가는 물을 바라볼 때,
우리 부족민들과 마을 사람들에게 내 인사를 전해주고
나와 나의 이름을 한 번 더 기억해 주기 바라오.

헤이다르 바바여, 꿩들이 날아오르고
산토끼들이 꽃덤불 속을 뛰어다니고,
당신의 정원에 꽃이 만발할 때,
우리를 기억하는 사람들이 만수무강하고,
슬픔에 잠긴 우리의 마음에 기쁨이 넘치기를 기원하오.[15]

아흐마드 자바드(Ahmad Javad, 1892-1937년)는 아제르바이잔 국가 작사가로 유명하다. 이 국가는 1918-20년 아제르바이잔 민주공화국의 국가로도 쓰였다. 1916년 첫 시집 《고쉬마(Goshma)》를 출간했고, 1919년 두 번째 시집 《파도(Dalga)》를 냈다. 간자의 신학교를 졸업한 후 교사로 일하다가 발칸 전쟁에 자원병으로 참전했다. 아제르바이잔 민주공화국 설립 과정에서 무사바트(Musavat)당을 위해 일했다. 아제르바이잔 독립 선언을 축하하는 시 〈아제르바이잔, 아제르바이잔!〉과 〈아제르바이잔 국기를 위해〉를 썼다. 아제르바이잔대학교 설립에 적극 참여하는 등 교육, 문화 부문에서 활동하며 많은 업적을 남기고, 혁명 후에도 여러 직함을 맡아 일을 했으나, 1937년 스탈린 숙청 때 처형되었다.[16] 소련 시대 가장 뛰어난 시인으로 평가받는 사마드 부르군(Samad Vurghun, 1906-56년)은 '소비에트 인민공훈 시인'의 칭호를 받았다. 친근한 서정시로 유명한 사마드 부르군은 회의주의, 자연

아흐마드 자바드

사마드 부르군

에 대한 사랑과 경탄을 시의 주제로 삼았으며, 〈앞으로 가야할 먼 길(A Long Way Off)〉과 여기에 소개된 〈아제르바이잔〉이 대표시로 꼽힌다. 그는 18세기의 저명한 시인 몰라 파나흐 바기프(Molla Panah Vagif)를 소재로 한 '바기프(Vaqif)' 등 뛰어난 운문 희곡을 쓰기도 했다. 그는 애국주의와 국제주의, 동정 등을 시의 주제로 썼고, "무간(Mugan)", "아이군(Aygun)", "옛 친구들" 등이 유명하다. 아제르바이잔 국립연극극장이 그의 이름을 땄으며, 바쿠와 모스크바에 부루군 거리가 있다.[17] "아제르바이잔"의 1-2연은 다음과 같다.

15. 같은 책, 190.
16. 같은 책, 185.
17. 같은 책, 181.

너는 태어날 때부터 나의 것이었다는 것을 사람들은 안다.
너는 나의 보금자리, 나의 피난처 그리고 나의 따뜻한 난로이고,
나의 어머니, 조국, 그리고 소중한 땅이다!
나의 영혼과 육체를 갈라놓는다고? 그것은 죽음만이 할 수 있는 일
[이다.
오 아제르바이잔, 나의 아제르바이잔!

어머니가 내게 어떠한 존재이며, 아이는 어머니 당신에게 어떤 존
[재인가?
그것이 우리가 알고 있는 유대관계이다.
내가 어디로 날아가든 나는 다시 돌아올 것이다.
왜냐하면 너는 나의 국민이고, 나의 보금자리이고,
유일하게 축복받은 나의 고향이기 때문이다.[18]

알마스 일드름(Almas Ildyrym, 1907-52년)은 1926년에 술레이만 루스탐(Suleyman Rustam)과 함께 시집 《어제는 오늘이다》를 출간했다. 1928년에 알마스는 시에 반영된 민족주의적 사상으로 인해 다게스탄(Dagestan)으로 추방되었다. 다게스탄에 있는 동안 〈산에서의 추억들〉, 〈레즈긴인들의 땅〉, 〈크리미아의 저녁〉, 〈누구의 잘못인가?〉를 썼다. 이란과 터키에서 힘든 망명 생활을 하며 계속 시를 썼다. 그는 터키에서 17년 동안 생활하면서 민족주의적 시인으로 유명해졌으며 그의 시들은 《영원한 시(Undying Poem)》와 《아제르바이잔 노래들(Azerbaijani songs)》이라는 시집으로 출판되었다.[19] 술레이만 루스탐

(Suleyman Rustam, 1906-89년)은 1920년 첫 시집《행복에서 슬픔으로》를 출간했고, 20년대에는 주로 콤소몰과 노동자, 적군을 찬양하는 시를 썼다. 소설로는 지주의 압제에서 탈출하여 동료 농민들을 규합하여 봉기를 일으키는 스토리를 담은《카자크 네비(Qachaq Nebi)》가 유명하다. 2차 대전 중에는 애국주의 정서를 담은 시 〈그날이 올 것이다〉, 〈아제르바이잔의 아들들에게〉, 〈노인의 대답〉 등을 썼다.[20] 바흐티야르 바하브자데(Bakhtiyar Vahabzadeh, 1925-2009년)는 소련 시절 "인민공훈 시인" 칭호를 받은 시인이다. 사랑, 애국심, 인간적 가치를 시의 주제로 사용했으며, 대표시 〈무감과 굴루스탄(Mugam and Gulustan)〉은 아제르바이잔인들의 독립의 꿈을 다루고 있고, 중세 시인 피줄리를 다룬 시도 있다. 우크라이나 현대 문학을 대표하는 칭기즈 압둘라예프(Chingiz Abdullayev, 1959-)는 약 600편의 작품을 썼으며, 구소련 지역에서 큰 인기를 누리는 그의 작품은 23개국어로 번역되었다. 스릴러 소설《푸른 천사》,《악당들의 법》,《히로드의 그림자》,《삼색의 피》 등이 유명하다.[21]

18. 같은 책, 180.

19. 같은 책, 183.

20. 같은 책, 188.

21. *Azerbaijan 100 Questions Answered*, 89.

소설《알리와 니노》

《알리와 니노》는 제정러시아 붕괴부터 볼셰비키 정권이 수립되는 기간 동안 바쿠를 배경으로 아제르바이잔 청년(알리)과 바쿠에 거주하는 조지아 소녀(니노)의 사랑과 결혼을 그리며, 이슬람과 기독교 문화, 동양과 서양의 만남과 충돌을 묘사했다.

쿠르반 사이드(Kurban Said)란 필명을 쓴 작가가 누구인지에 대한 논쟁은 아직도 계속되고 있다. 현재까지 레프 누심바움(Lev Nussimbaum)과 엘프리데 에렌펠스(Elfriede Ehrenfels)가 '쿠르반 사이드'라는 필명을 쓴 것으로 밝혀졌다. 에렌펠스는 같은 필명으로《알리와 니노》외에《골든 혼에서 온 소녀》라는 작품도 썼다. 현재 이 책의 판권은 에렌펠스의 친척들이 가지고 있다.

작품의 줄거리 —— 아제르바이잔의 귀족 가문 출신인 주인공 알리 칸 시르반쉬르는 러시아계 학교에서 교육을 받으면서 전통 문화를 고집하는 아버지와 다르게 서구 문화에 관심을 갖는다. 그는 맞은편 여학교에서 기독교 교육을 받고 있는 조지아계 소녀 니노 키피아니에 대한 사랑을 키워간다. 사랑에 빠진 두 사람은 학교 졸업 후 결혼을 약속한다. 그러나 니노를 짝사랑한 두 사람의 친구인 아르메니아 소년 멜리크 니카라리언이 니노를 납치하자 알리는 쫓아가 멜리크를 칼로 찔러 죽인다. 알리는 멜리크 가족의 복수를 피해 다게스탄의 깊은 산속으로 피신을 한다. 얼마 후 알리가 피신하고 있는 곳으로 니노가 찾아가 둘은 산중에서 결혼식을 올리고, 문명의 이기가 없는 산속에서 신혼 생활을 한다. 볼셰비키 혁명이 일어나고 터키군이 바쿠로 진군한 후, 볼셰비키가 다시 바쿠를 점령하자 알리 가족은 이란으로 피난을 간다. 아제르바이잔 민족 세력이 볼셰비키를 물리치고 아제르바이잔 민주공화국을 설립하자 알리는 프랑스 대사 자리를 제안 받지만 바쿠에 남기로 결정한다. 볼셰비키 적군이 다시 코카서스를 점령하려 내려오자 바쿠의 젊은이들은 무기를 든다. 알리는 니노와 딸을 친정이 있는 트빌리시로 보내고 바쿠에서 게릴라전을 펼치다가 최후를 맞는다.

> "소설에 등장하는 배경, 그리고 갖가지 사건이 일어나는 시간은 우리와 아주 멀리 떨어져 있다. 그래서 우리가 트랜스카프카스 민족의 운명, 착취당하고 침략 당했던 그 세월에 대해 생각해 볼 기회는 많지 않다. 하지만 때로는 이런 쪽에 관심을 돌릴 필요가 있다. 그저 인류 역사를 이해하기 위해서가 아니다, 당시 일어났던 문화적, 사회적 파괴행위가 오늘날 벌어지는 온갖 사건의 구도를 결정했기 때문이다(티베트나 나이지리아에서도, 제2, 제3의 쿠르반 사이드가 필요할 텐데 말이다.) 이런 이유 때문에 '알리와 니노'는 우리에게 큰 의미가 있다.(중략)
>
> 알리가 니노를 납치한 멜리크(니카라리언)를 추격하는 장면에서는 현대적 서양 문물인 영국제 차와 말로 대변되는 구시대적 동양적 문물을 대비시킨다.
>
> 니카라리언이 니노를 납치하자 알리 칸이 뒤따라가 격투를 벌여 상대를 죽이는 장면을 봐도 그렇다. 얼핏 무미건조할 수 있는 그 기본 윤

곽 안에 쿠르반 사이드가 섞어 넣은 에피소드들은 우리의 상상력을 자극하고, 두 남자와 두 세계 사이에 가로놓인 심연을 느끼게 한다. 니카라리언은 값비싼 영국제 자동차로 니노를 납치한다. 뒤쫓는 알리 칸은 말, 붉은 기 도는 황금빛 털을 가진 전설의 말, 그 주인인 멜리코프 공작이 전쟁에 나갈 때에만 올라타는 귀한 말을 타고 달린다. 황금빛 말이 번쩍거리는 기계와 경쟁하는 것이다."

—〈알리와 니노〉 쿠르반 사이드, 이상원 역 (지식의숲, 2005, 2016) 작품 해설

《알리와 니노》는 2016년 아시프 카파티아(Asif Kapadia) 감독이 연출하여 영국, 아제르바이잔 합작 영화로 출시되었다. 코카서스 3국, 특히 아제르바이잔에 관해 공부를 하고자 하는 사람은 꼭 일독해 볼 만한 책이다.

5.3 아제르바이잔 종교

아제르바이잔은 국민 절대 다수가 이슬람을 신봉하는 국가이지만, 이슬람이 국교는 아니다. 전체적으로 보아 국민의 약 96%가 이슬람 신봉자이고,[22] 나머지 4%가 정교회나 기타 종교를 믿는 것으로 추정된다. 아제르바이잔 헌법 48조는 신앙의 자유를 규정하고 있고, 18조는 정교분리 원칙을 선언하고 있다. 그러나 1996년 입법된 종교 관련 법률에는 "종교적 선전활동의 수행"을 금지하고 있다. 아제르바이잔 종교국의 집계에 따르면 1,802개의 이슬람 사원과 5개의 정

교회 성당, 하나의 가톨릭 성당, 4개의 조지아 교회, 6개의 시나고그가 있다.

이슬람 신도 대부분은 시아파(85%) 신도이고, 약 15%는 수니파이다. 시아파 신도 대부분은 이트나 아샤리(Ithna Ashari) 분파에 속한다. 무신론을 내세운 소련 시대를 거쳐 오면서 이슬람은 종교보다는 문화와 인종적 기반을 두고 이어져 왔다. 전통적으로 바쿠와 렌코란 지역은 시아파의 중심지였고, 다게스탄(레즈긴)인들이 많이 거주하는 북부 지역은 수니파가 많다. 민중적 이슬람(Folk Islam) 신앙은 넓게 유행되지만 신비주의적 이슬람 운동인 수피(Sufi) 운동은 눈에 띄지 않는다.

14세기 페르시아 사파비드 왕조 이전 아제르바이잔과 페르시아 지역은 수니파가 대부분이었다. 그러나 사파비 왕조가 들어서면서 수피즘(Sufism)이 크게 번성했던 것으로 보인다. 수피즘 신봉자들은 지배자들이 신비적이고 밀교적(esoteric) 본성을 가지고 있고, 알리(Ali)의 집안과 밀접한 관련이 있는 것으로 믿는다. 사파비 왕조의 군주들은 자신들이 알리와 그의 부인 파티마흐(Fatimah)의 직계 후손이라고 주장한다. 사파비 왕조의 아스마엘(Ismail) 1세는 코카서스, 아나톨리아와 메소포타미아, 중앙아시아 일부를 점령하며 왕국을 크게 확장시켰다. 1501년 그는 수니파 이슬람의 중심지인 시르반샤를 파괴하고, 1502년 아제르바이잔, 아르메니아, 다게스탄 지역을 점령했

---

22. 통계는 조사기관에 따라 조금씩 달라서 96.9%(CIA), 90.7%(Berkley Center), 99.2%(Pew Research Center) 등으로 나타난다.

다. 이스마일 1세와 그의 아들 타흐마스프(Tahmasp)는 아제르바이잔과 페르시아에서 수니파를 억제하고 시아파 신앙을 반강제적으로 보급했다. 이 결과 현대 아제르바이잔은 이란 다음으로 이슬람 신자 중 시아파 신도가 많은 국가로 남게 되었다.

정교회 신앙

아제르바이잔에는 약 28-40만 명(인구의 3.1-4.8%)의 기독교 신자가 있는 것으로 추정된다. 이들은 대부분 러시아 정교회나 조지아 정교회, 아르메니아 제자교회 신도이다. 아르메니아인 정교회 신자들은 나고르노-카라바흐에 집중적으로 거주하고 있다. 바쿠의 대표적 정교회 성당으로는 1871년 건설된 선각자 성 그레고리 성당(Saint Gregory Illuminator Church)이 있다. 카스피해 연안에 오랜 기간 거주한 우디족(Udi)은 초기 기독교를 코카서스 알바니아인들에게 전파했다. 현재 우디인들이 모여 사는 카발라(Qabala) 주 니지(Nij) 지역에는 우디족 기독교 공동체가 있다.

조로아스터교

아제르바이잔의 조로아스터교 전통은 사산 왕조가 지배한 기원전으로 거슬러 올라간다. 7세기 아랍의 침입 이전 조로아스터교는 아제르바이잔의 핵심적 종교였다. 조로아스터교의 영향은 아제르바이잔 국명에도 그대로 반영되었다. "영원한 불의 나라(Land of Eternal Fire)"라는 의미의 아제르바이잔이란 이름도 중세 페르시아어에서 기원한 것이다. 조로아스터교 명절의 하나인 누루즈(Novruz)는 지금도 아제르바이잔 축일 중 중요한 명절이다. 1880년대 석유 산업에 종사하는 인도 노동자들이 유입되면서 파르시 조로아스터 신도(Parsi Zoroastians)가 바쿠지역에 들어왔다. 이들을 위해 고대 불의 사원이 있던 자리에 가스와 석유로 꺼지지 않고 타는 불의 제단이 만들어지기도 했다.

유대교

아제르바이잔에는 약 16,000명의 유대교 신봉자가 있는 것으로 추정된다. 이들 중 약 11,000명은 산악 유대교도(Mountain Jews)인데, 바쿠와 쿠바(Quba) 지역에 주로 거주한다. 아쉬케나즈 유대교도(Ashkenazi Jews)는 약 4천 명이고, 약 천 명이 조지아 유대교도로 분류된다.

5.4 아제르바이잔 음악

5.4.1 무감(Mugham)

무감은 아제르바이잔의 대표적인 민족음악 장르이다. 이것은 전통 시가에 즉흥 음악을 결합한 것이다. 무감은 구전으로 전해져 내려온 멜로디를 바탕으로 연주자가 즉흥적으로 변주를 하고, 각 상황에 맞는 무감 형식과 연주법이 있다. 무감은 연주자만 일방적으로 연주하는 것이 아니라, 청취자들도 시적, 음악적 반응을 하는 상호교감적 음악이다. 고유한 무감 전통을 지닌 지역으로는 카라바흐, 시르반, 바쿠가 유명하며, 이 중 특히 카라바흐의 슈사(Shusha)지역이 무감의 중심지로 여겨진다.

무감 연주자들

무감은 2003년 유네스코에서 인류 구전 및 무형유산 걸작(Masterpiece of Oral and Intangible Cultural Heritage of Humanity)으로 정식 등록되었고, 1977년 우주로 발사된 보이저(Voyager)에 실린 보이지 황금레코드(Voyager Golden Record)는 아제르바이잔 민속악기인 발라반(balaban) 반주로 연주된 무감이 실렸다.

무감은 기도와 자장가에서 기원한 것으로 알려져 있고, 유사한 형식의 음악이 중국이 신장(Xinjiang, 新疆) 지방에서부터 아랍 세계에까지 널리 퍼져있다. 신장 지역에서는 이 형식을 무캄(muqam), 우즈벡인들과 타지크인들은 마콤(maqom), 아랍에서는 마캄(maqam), 이란에서는 다스트가흐(dastgah)라고 부른다.

아제르바이잔에서 리듬이 자유로운 멜로디(rhythmically free melodies)인 무감은 노래와 유사한 리듬이 있는 멜로디(rhythmic melodies)인 타스

니프(tasnifs)나 악기로 연주되는 무용 멜로디(instrumental dance melodies)인 랑(rangs)이 교차적으로 연주되기도 한다. 제르비 무감(zerbi mugham)은 악기가 연주하는 규칙적인 박자에 즉흥적 멜로디를 얹는 형식을 뜻한다.[23] 무감의 가장 일반적인 형식은 음성 연주와 악기 연주가 결합된 모음곡 형식인 다스타가흐(dastagah)이다. 다스타가흐는 보통 세 명의 연주자가 연주하는 경우가 많은데, 카난다(khananda)라고 불리는 가수와 사잔다(sazanda)라고 불리는 두 명의 악기 연주자가 트리오를 구성한다. 악기 연주자는 전통 현악기인 타르(tar)와 카만차(kamancha)를 연주한다.

무감은 서양 음악의 재즈와 대비되기도 하지만, 재즈와 구별되는 차이가 있다. 연주의 즉흥성은 재즈와 같지만, 무감은 완전히 자유로운 즉흥 연주가 아니라, 각각의 상황에 따른 무감 음계(mode)에 의거해서 즉흥 연주가 이루어진다는 점이 다르다. 1970년대 활동한 아제르바이잔의 재즈 음악가 바기프 무스타바자데(Vagif Mustafazadeh)는 재즈와 무감을 혼합한 소위 재즈 무감 장르를 만들었다.

무감은 20세기 들어와 처음으로 녹음되었다. 1928년 무슬림 마고마예프(Muslim Magomayev)가 무감을 최초로 채보했고, 이후 니야지(Niyazi), 가라 가라예프(Gara Garayev), 아미로프(Fikrat Amirov) 같은 작곡가들이 악보를 만들었다. 무감을 연주할 때 고대·근대 시인들이 쓴 시를 가사로 쓰는데, 가장 많이 사용하는 시 양식은 가잘(ghazal)이다. 고대 시인으로는 하가니 쉬르바니(Khagani Shirvani, 12세기), 니자미 간자비

23. 같은 책, 112.

(Nizami Ganjavi, 12세기), 이마다딘 나시미(Imadaddin Nasimi, 12세기), 무함마드 피줄리(Muhammad Fizuli, 16세기), 샤 이스마일 하타이(Shah Izmail Khatai, 16세기) 등이 있고, 근현대로 들어와서는 몰라 파나흐 바기프(Molla Panah Vagif, 18세기), 후르슈드바누 나타반(Khurshudbanu Natavan), 세이드 아짐 쉬르바니(Seyid Azim Shirvani), 알리아가 바히드(Aliagha Vahid) 등의 시를 가사로 읊는다.[24] 19세기 코카서스 지방을 여행하다가 샤마키(Shamakhy) 축제에서 연주되는 무감을 감상한 알렉상드르 뒤마는 자신의 여행기에 이 연주에서 받은 감명을 서술했다.

무감은 악보를 보고 연주하는 것이 아니라 연주자는 뛰어난 기억력을 가지고 있어야 하며, 우스타드(ustad)라고 불리는 연주의 명인(대가, master)이 되려면 15년 이상의 훈련 기간이 필요하다. 현재의 가장 유명한 연주자로는 가수 알림 카시모프(Alim Qasimov), 타르 연주자 말리크 만수로프(Malik Mansurov), 라미즈 쿨리예프(Ramiz Quliyev), 카만차 연주자 하빌 알리예프(Habil Aliyev) 등을 꼽을 수 있다. 뉴욕 타임스는 알림 카시모프를 "열정과 헌신, 사색, 주문(呪文, incantation)을 결합한 강렬한 즉흥성을 가진 살아 있는 가수 중 가장 위대한 가수다"라고 격찬한 바 있었다. 고대 시가를 차용한 무감은 음악가들뿐만 아니라 화가, 조각가, 시인들에게 영감을 주었다. 2009년부터는 국제 무감 페스티벌(International World of Mugham Festival)이 개최되어 여러 나라의 무감 연주자들이 기예를 겨룬다.

5.4.2 메이하나(Meykhana)

메이하나(아제르어로는 Meyxana)는 아제르바이잔의 문학, 민속음악 랩

메이하나 연주 그룹

(rap)이라고 할 수 있다. 메이하나는 무반주로 두 사람 이상이 특정한 주제를 놓고 비트에 맞추어 즉흥시를 이어가는 형식을 취한다. 형식 면에서 힙합(hip hop) 음악과 자주 대비되기도 한다. 먼저 한 연주자가 주제를 택해서 4-5줄의 스탠자(4행 각운 시)를 읊으면, 다음 연주자가 첫 연주자의 비트에 맞춰 자신의 스탠자를 이어간다. 메이하나는 연주자의 능력에 따라 몇 시간씩 연주되기도 한다. 주제는 여자, 자동차, 일, 최근의 사건 등 일상생활의 평범한 대상이 선택되는 경우가 많고, 언어는 구어나 속어가 많이 사용되고 러시아어 어휘나 표현이 차용되기도 한다. 현대에 와서는 신시사이저, 드럼, 밴드 연주와 함께 메이하나 연주가 진행되기 한다.

---

24. 같은 책. 113.

TV의 메이하나

메이하나는 페르시아어의 술집, 주막을 뜻하는 메이하네(meykhane)이다. 페르시아어에서 술, 와인을 뜻하는 메이(mey)와 터키어에서 집을 뜻하는 하네(khane)가 결합되어 만들어졌다. 전문적인 메이하나 연주자는 "말의 대가"라는 뜻의 쇠즈 우스타디(Söz Ustadi)라고 불렀다. 페르시아 지배 시대 수피즘의 영향으로 시작된 것으로 여겨지는 메이하나는 천 년 가까운 전통을 가진 것으로 볼 수 있다. 중세 시대 시인들이 한 자리에 모여 즉석에서 시구를 교환하며 상대에게 농을 걸거나 상대를 내리까는 놀이가 있었고, 이러한 시구 주고받기가 끝나면 청중들은 누가 승자인지에 대한 판결을 내렸다.

메이하나 연주에서는 문학적 재능과 창의성 외에 음성의 힘(vocal presence), 분명한 발음(enunciation), 호흡 기교(breath)가 중요하다. 선명하고 구별되는 음성이 기본이고, 분명한 발음은 2행 연구의 시구를 자연스럽게 이어가는데 중요하며, 자신의 발성을 중단하지 않으면서 호흡을 들이키는 것은 쉬운 일이 아니다.

20세기 이후 메이하나는 세 시기로 발전 시기가 구분되는데, 러시아 혁명 이전과 소련 지배 시기, 아제르바이잔 독립 이후 시기이다. 혁명 이전 시기에 메이하나가 크게 발전하며 꽃피웠으나 소련 시기에는 침체되었다. 사회 풍자나 체제 비판 등이 메이하나의 주제로 자주 사용되어서 당국의 견제와 감시를 받기도 했다. 근본주의적(fundamentalist) 메이하나 연주자들은 고전적 메이하나 형식을 지키려고 노력하고 있지만, 새로운(new wave) 연주자들은 다른 음악 장르와의 결합을 시도하고 있다. 1990년대와 2000년대 들어와 메이하나의 인기가 부활되면서 TV에서는 메이하나 경연대회를 개최하고 있다. ANS TV의 "데 갈신!(De, Gəlsin! "자, 말하세요!")" 프로그램은 메이하나의 대중화에 큰 역할을 하였다. 메이하나 최고의 명인은 알리아가 바히드(Aliaga Vahid, Aliaga Mammadqulu oghlu Isgandarov, 1895-1965년)를 꼽으며, 아가살림 칠다그(Aghasalim Childag 1930-2008년), 니자미 람지(Nizami Ramzi)가 그 뒤를 따르고 있다.

5.4.3 전통 악기

아제르바이잔의 전통 민속 악기는 아주 고대 시대부터 사용된 것으로 보인다. 기원전 6세기 길카미쉬(Gilgamish) 지역에서 발굴된 토기에는 관악기인 부그(bug)와 창(changd)과 모양이 비슷한 관악기 그림이 새겨져 있다. 기원전 4-3세기로 추정되는 여러 형태의 악기 유적

주르나

들이 발견되기도 하였다. 가장 오래된 악기는 바쿠 인근의 고부스탄(Gobustan)에서 발굴된 신석기 시대의 타악기이다. 두 개의 돌 받침대 위에 올려놓은 석회석(limestone)은 카발다쉬(gaval dash)의 원형으로 볼 수 있다. 고부스탄의 주민들은 의식을 행할 때 이 악기를 사용한 것으로 보인다.

가장 널리 연주하는 전통 악기는 타악기로는 나가라(naghara), 카발다쉬(gaval dash), 카발(gaval), 다프(daf), 둠바크(dumbak)가 있고, 현악기로는 타르(tar), 카만차(kamancha), 사즈(saz), 우드(ud)가 있다. 관악기로는 발라반(balaban), 주르나(zurna), 네이(ney), 콰눈(qanun)을 들 수 있다.

대표적인 타악기인 나가라는 7세기에 쓰인 외즈벡 투르크의 대서사시 《데데 코르쿠드》에도 등장한다. 원통형의 나무통 양쪽에 염소 가죽을 씌워서 손을 치며 소리를 낸다.(조지아의 유사 악기는 돌리doli라고 불림)가 대표적이다. 카발다쉬는 크기가 다른 두 개의 북을 연결하여 만든 악기로 북채로 친다(조지아의 유사악기는 디플리피토diplipito라고 불림). 카발은 탬버린과 유사한 악기인데, 민속 음악 앙상블 연주에서 앙상블을 이끄는

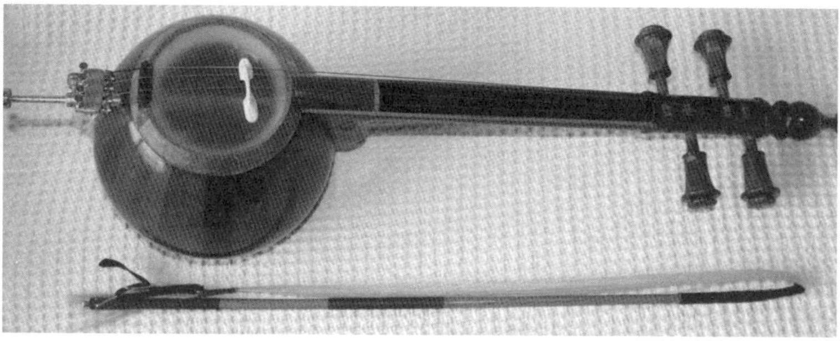

카만차

역할을 하고, 무감의 트리오 연주도 이끌어 나간다.

관악기로 대표적인 것은 주르나이다. 주르나는 조지아 등 코카서스 지방과 중동 지방에 널리 퍼진 악기이다. 민가체비르(Mingachevir) 지방에서 발견된 사슴뿔로 만든 주르나는 3천 년 전에 만들어진 것으로 추정된다. 나팔 모양의 주르나는 보통 살구나무(apricot), 호두나무(walnut), 뽕나무(mulberry)로 만든다. 주르나 위에는 7개의 구멍이 있다. 또 다른 관악기인 발라반은 피리 모양을 하고 있는데 앞쪽에 7개의 구멍, 뒤쪽에 하나의 구멍이 나있다. 길리는 28-30센티미터이다. 네이는 이란과 중앙아시아 지역에서도 널리 사용된 고대 악기이다. 6-7센티미터의 작은 사이즈에 6-9개의 구멍이 있고, 플루트의 원조격인 악기로 추정된다.

대표적인 현악기인 카만차는 활을 사용해 연주한다. 보통 4개의 현이 있다. 부드럽고 구슬픈 소리를 낸다. 현대에도 널리 쓰이는 타르는 가장 대표적인 현악기이다. 19세기까지는 다섯 줄을 가지고 있었지만, 현대의 타르는 굵기가 다른 11개의 줄이 달려있고, 활이 아니라 손으로 연주한다. 카만차, 카발과 함께 무감 트리오 앙상블을 구성한다. 사즈는 현대 오케스트라의 바이올린, 첼로, 콘트라베이스에 비견되는 사이즈의 대형, 중형, 소형 사즈가 있고, 8-10개의 금속줄이 달려 있다.[25]

---

25. 같은 책, 100-101.

4부

아르메니아 역사와 문화

6장 • 아르메니아의 역사

고대 시대

아르메니아는 성서에 나오는 노아의 방주가 대홍수 후 다다른 아라라트 산 주변의 고원지대에 위치하고 있다. 아르메니아어로 이 나라의 이름은 '하이크(Hayk)'이고 후에 '하야스탄(Hayastan)'이 되었다. 이 이름은 고대 메소포타미아의 신 '하야(Haya)'와 페르시아어로 땅을 뜻하는 '스탄(stan)'이 합쳐진 것이다. 아르메니아인들은 자신을 '하이(Hay)'라고 불렀다. 이집트의 파라오 투트모스 3세 때인 기원전 1446년에 이집트에서는 아르메니아 지역 거주민을 "에르메넨(Ermenen)"라고 부르고, 이들이 살고 있는 땅

하이크 동상

은 "네 개의 기둥이 하늘을 떠받치고 있다"고 했다. '아르메니아'라는 이름은 주변 민족, 국가들이 붙여준 이름이다. 이것은 하이크의 자손이자 모든 아르메니아의 조상인 아르메나크(Armenak) 혹은 아람(Aram)에서 나온 명칭이다.

아르메니아 지역에서 출토된 석기 유적은 약 32만 년 전의 것으로 추정된다. 1960년대 고고학 발굴에 의해 예레반 지역에서는 약 4만 8천 년 전의 주거 지역과 사람 두개골, 치아 등이 발견되었다. 아르메니아 고원 지역에서는 신석기 시대의 주거 지역이 발견된다. 2010년 고고학 발굴에서는 기원전 3500년 것으로 추정되는 가죽 신발과 기원전 4000년으로 추정되는 와인 제조 용기가 발견되었다. 가죽 신발 유품은 세계에서 가장 오래된 것이다. 남코카서스 중앙 지역에서 기원전 6000-4000년에 꽃핀 슐라베리-쇼무(Shulaveri-Shomu) 문화는 유럽에서 가장 오래된 인류 문화로 인정받는다.

기원전 4000-2200년 기간 지속된 청동기 시대에는 쿠라-아락세스(Kura-Araxes) 문화가 번성했는데, 아라라트 평원에서 시작된 이 문화는 조지아 동부 지역과 우르미아 분지(Urmia basin)와 반 호수(Lake Van) 이남의 남동부 방향으로 퍼져나간 것으로 보인다. 기원전 2,300년에 만들어진 비문에 아르마니(Armani)라는 이름이 처음으로 나타났다. '하야스탄'이란 이름도 청동기 시대 후반 히타이트어에서 유래한 것으로 보인다. 청동기 시대에 대(大)아르메니아 지역에 여러 왕국이 번성했었다. 히타이트(Hittite) 제국, 미탄니(Mitanni) 왕국(서남부 지역), 하야사-아지(Hayasa-Azzi) 왕국(BC17-13세기)이 존재했다. 아르메니아 고원 서부를 차지한 하야사-아지 왕국은 자주 히타이트 제국과 충돌했다.

하야사-아지 왕국의 뒤를 이어 나이리(Nairi) 왕국(BC15-11세기)이 나타났는데 아시리아어로 "강가들의 땅(Land of Rivers)"이란 뜻의 나이리 왕국은 여러 소국들의 연합체였다. 다음으로 번성한 우라르투(Urartu 아시리아어로 '아라라트'를 의미) 왕국(BC11-7세기)은 본격적인 고대 왕국이었다. 이러한 왕국들과 부족들이 아르메니아인의 인종적 기원이 되었다.

원아르메니아인들은 반(Van) 호수 주변에 거주하였다. 북쪽과 북동쪽으로는 나이리(Nairi), 서쪽과 서남쪽으로는 아르메-슈프리아(Arme-Shupria), 좀 더 서쪽으로는 하야사-아지(Hayasa-Azzi)지역이다. 원아르메니아인들의 종교-문화적 전통은 수 세기에 걸쳐 네 단계로 발전되었다. 하야사-아지(Hayassa-Azi)라고 불리는 가장 오래된 주민들은 에르제룸(Erzerum) 평원 위의 에르증가(Erznga) 지역에 거주했다. 두 번째 단계의 문화는 카르페르트(Kharpert)와 서부 유프라테스 계곡을 포함한 아르메-수프리아 지역에서 발전했다. 세 번째 단계의 문화는 반 호수 연안, 특히 우라르투 왕국의 반 시에서 발전했다. 네 번째 단계로는 아라라트 고원을 가로질러 세반(Sevan) 호수 연안까지 아르메니아 문화가 확산되었다.[1]

우라르투 왕조

기원전 9세기부터 585년 우라르투 왕조의 시조가 되는 아라메(Aramé)가 아르메니아 고원의 부족국가들을 통합하고 자신을 "왕

1. Payaslain, S., *The History of Armenia: From the Origins to the Present*, (New York: Palgrave Macmillan, 2007) 4-5.

세반 호수와 하츠카리

들의 왕"이라고 칭했다. 우라르투 왕국은 타론(Taron)과 바스푸라칸(Vaspurakan) 전 지역을 지배했다. 당시 우라르투 왕국의 경쟁자는 신 아시리아 제국이었다. 사르두리 1세(재위 기원전 834-28년) 시대에 국가적 형태를 제대로 갖춘 강력한 왕국으로 성장했다. 메나우스(Menaus 기원전 810-785년) 우라르투의 국경을 북쪽으로 확장하여 아라라트 평원지역에 이르렀다. 그는 메소포타미아의 설형문자(cuneiform)로 쓴 90여 개의 비문을 남겼다. 우라르투 왕국에서 가장 번성한 지역은 반 호수 분지와 반 호수와 우르미아 호수 사이 지역이었다. 다음으로 세반 호수 지역이 발달했다. 우라르투 왕국의 전성기였던 아르기쉬티 1세 왕(Argishti I, 재위 기원전 786-64년) 때 우라르투 군대는 아라라트 평원을 거쳐 세반 호수 동부 연안까지 점령했다. 이 지역에서 기반을 확고히 한 후, 아르기쉬티 1세는 기원전 782년 전략적으로 중요한 에레부니(Erebuni) 요새(현재의 예레반)를 건설했다. 그는 이곳에 약 6천 명의 병사와 노예들을 주둔시켰다.[2] 우라르투의 경제는 네 부문으로 이루어졌다. 먼저 왕실 경제, 다음으로 사원 경제, 사적 토지 소유, 마지막으로 공동체 경제였다. 각 부문의 생산성은 노예제에 근간을 두고 있었다. 왕실의 경제는 수만 명의 인력을 포함한 광대한 토지에 근간을 두었고, 주요 하천과 호수 연안의 경작지를 중심으로 발달했다. 왕실의 농업은 포도 농원과 대규모 영농을 포함했다. 왕가 가족들은 토지와 노예를 하사하며 자신들의 지지자들과 친척들의 후원자가 되었다. 아르마비르(Armavir)는 후에 아르메니아인들의 첫 수도가 되었다. 우라르투인들은 고유의 문화와 언어를 보유하고 있었는데, 이것은 후리아, 히타이티, 아라마익(Aramaic), 아시리아의 영향과 혼합되었다. 이러한 문화와 언어의 결합이 아르메니아의 문화와 인도유럽어족에 속하는 아르메니아어의 기초를 형성했다.[3]

기원전 714년 아시리아의 사르곤(Argon) 2세는 우라르투의 루사(Rusa) 1세를 우르미아(Urmia) 호수 근처에서 격파하고 우라르투의 신전을 파괴했다. 이 시기 인도유럽계 유목민족인 키메리아인(Cimmerians)은 서북쪽에서 침입해 와서 루사 1세의 남아 있는 군대를 전멸시켰다. 기원전 7세기 중반 아시리아는 아르메니아와 코카서스 산맥까지 세력을 넓혔으나, 기원전 612년 메디아 왕국은 아시리아

2. 같은 책, 6.

3. 같은 책, 6-7.

를 패퇴시키고, 기원전 585년 우라르투의 수도인 반(Van)을 정복했다. 이것으로 우라르투 왕조의 독립성은 막을 내리고, 아르메니아는 메디아 제국의 한 지방(satrapy)이 되었다.

예르반두니 왕조

메디아 제국의 광활한 영토와 행정 체계는 고도로 분산된 지배 체제를 낳았고, 지방 총독, 지사와 다양한 지방 수령들이 왕국의 영역을 관할했다. 아르메니아의 예르반두니(Evranduni) 왕조의 일원들은 반 호수 지역의 지방 총독으로 활동하며 메디아 제국의 경제, 문화, 군사 활동에 참여했다. 예르반두니 가문의 기원은 확실하지 않지만, 역사가들은 가문의 역사가 페르시아의 아케메니드(Archaemenian) 왕조와 관련이 있을 것으로 추측한다. 쇠망해 가던 남쪽의 아시리아에 대한 원정에서 큰 병력을 제공한 예르반두니 왕가는 이 지역에서 정치적, 군사적 영향력을 강화했다. 예르반두니 왕조는 한때 우라르투 왕국의 수도였던 반 호수 지역의 총독들로 군림하고 도시 이름을 예르반다반(Ervandavan)이라고 지었다. 예르반두니 왕조의 영역은 남쪽으로는 반 호수와 우르미야 호수 사이의 지역, 북쪽으로는 아르메니아 고원지대를 거쳐 예르부니(Erebuni)와 세반 호수까지, 서쪽으로는 유프라테스 상류와 하류 지역까지 확장되었다. 기원전 6세기 중반, 예르반두니 가문을 포함한 많은 가신들이 키루스(Cyrus, 재위 기원전 546-529년) 2세 왕의 지도 아래 당시 내분과 반란에 시달리고 있던 메디아 제국을 정복했다.[4]

기원전 331년 알렉산더 대왕이 페르시아를 침공하면서 아케메나드 왕조가 붕괴하자, 예르반두니 왕조는 독립을 선언하고 처음으로 독립된 아르메니아 국가를 창설하였다. 이 시기 아르메니아는 세 지역으로 구성되어 있었는데, 대(大)아르메니아(Armenia Major)와 유프라테스 강 북서쪽에 위치한 소(小)아르메니아(Armenia Minor)와 드소프크(Dsopk, Sophene)이다. 대아르메니아는 역사적 아르메니아 지역의 대부분을 포함한다. 대아르메니아와 소아르메니아가 마케도니아 정복시대 이후 별도로 분리된 지역으로 등록되지 않은 것으로 미루어보아, 알렉산더 대왕은 대아르메니아를 정복하지 않고, 단지 소아르메니아 지역을 몇 명의 총독을 통해 관할했던 것으로 보인다.[5]

아르탁시스 왕조

기원전 190년 알렉산더대왕 제국의 뒤를 이은 그리스계 왕조가 탄생했다. 왕조의 시조이자 첫 왕의 이름을 딴 아르탁시스(Artaxiad Artashes) 왕조는 약 200년간 존재했다. 이 시기 서부 지역에서는 예르반두니 왕조 전복에 공을 세운 자리아드리스(Zariadris, Zareh)의 통치를 받는 별도의 왕국이 탄생했는데, 이 왕국은 통상적으로 소아르메니아(Lesser Armenia)라고 불렸고, 아르탁시아드 왕조가 통치하는 지역은 대아르메니아(Greater Armenia)로 불렸다. 소아르메니아는 무주르(Muzur) 지역 또는 유프라테스 강 서쪽 지역을 정복했고, 대아르메니아는 메디아, 이베리아, 시리아 왕국으로부터 영토를 빼앗았다. 기

4. 같은 책, 9-10.
5. 같은 책, 11.

원전 95-66년 티그라네스(티그란Tigranes) 대왕 시기 대아르메니아는 코카서스 지역과 현재의 터키 동부·중부 지역, 이란 북서부, 이스라엘, 시리아, 레바논에 이르는 광대한 지역을 점령하여 로마 동쪽에서 가장 강력한 국가가 되어 소위 "팍스 아르멘니카(Pax-Armennica)"를 이루었다. 군사적 정복과 상업적 성공으로 아르메니아 제국은 전에 없는 부를 축적하게 되었다. 티그란의 제국은 자원과 노예가 풍부한 광대한 지역을 차지했고 안티오크, 라타키아(Latakia), 다마스쿠스(Damascus) 같은 당대의 상업 중심지를 포함하고 있었다. 티그라네스는 많은 수의 중동의 유대인들과 시리아인들을 아르메니아의 상업 중심지로 이동시켰다. 추정에 따르면 50만 명 이상의 외국인들이 아르메니아에 정착했고, 제국의 상업과 산업 발전은 아르메니아인뿐만 아니라, 유대인, 아시리아인, 그리스인들에 의해 이루어졌다. 'shuka(시장),' 'khanut(상점),' 'hashiv(계산, 거래)' 같은 아시리아 어휘가 아르메니아어에 들어온 것도 아시리아의 상업적 영향을 보여준다. 주요 도시와 제국 전체를 통해 비아르메니아계 주민들은 가신관계를 유지하며 비교적 느슨한 체계로 아르메니아에 복속되었다.[6]

기원전 79년 로마의 지도부가 바뀌면서 로마는 중근동 지역에 대한 적극적 진출 정책을 폈다. 술라의 뒤를 이어 로마의 실력자가 된 루쿨루스(Lucullus) 장군(기원전 110-56년)은 폰투스를 침입하고 아르메니아를 칠 기회를 보고 있었다. 루쿨루스가 이끄는 로마군은 기원전 69년 드소프크 지역으로 진군해 왔다. 이들은 타우루스 강을 건너 수도인 티크라나케르트를 공격했다. 전투가 시작되자 비아르메니아계 주민들은 로마군의 편을 들어서, 아르메니아인들은 단독으로 로마군을 상대해야 했다. 설상가상으로 티그라네스의 두 아들도 배신하여 티그라네스는 장인이 군주로 있는 파르티아로 피신했다. 그러나 루쿨루스 장군은 북동쪽의 아라라트와 아르타샤트(Artashat) 지역으로 더 진군하지 않아서, 티그란 2세는 자신의 실지를 일부 회복할 수 있었다. 루쿨루스의 뒤를 이어 로마 군사령관이 된 폼페이우스(Gnaeus Pompeius)는 아르메니아 정복 정책을 추진했다. 티그라네스에게 이미 반기를 든 아들 자레흐는 야망을 가지고 폼페이우스와 동맹을 맺었다. 내부 분열과 반란으로 티그라네스의 위세가 약화된 기회를 이용해 이번에는 파르티아 군대가 동쪽으로부터 아르메니아로 침입하여 왔다. 티그라네스는 아르타샤트에서 페르시아군의 진군을 저지하려 노력하였으나 이번에는 폼페이우스의 군대가 서쪽에서 쳐들어왔다. 두 제국을 상대로 양면전을 벌이는 것은 불가능했다. 결국 기원전 66년 티그라네스는 아르타샤트 강화조약을 맺고 '왕의 왕'의 칭호를 포기하고 양국과 우호적 관계를 맺으며 아르메니아는 양 제국 사이의 완충지대 역할을 하기로 했다.[7]

페르시아와 로마 사이의 아르메니아

기원전 66-63년 제3차 미드리아드 전쟁(Mithridatic War)에서 폰투스 왕국이 로마의 폼페이우스에게 패배하면서 아르메니아는 로마의 가신국이 되었고, 기원후 1년에는 로마의 한 지방으로 편입되었다. 이

6. 같은 책, 20-21.

7. 같은 책, 22-23.

시기 아르메니아는 로마의 정치, 철학, 종교의 영향을 많이 받았고, 역사학자 스트라보(Strabo)는 이 시기에 아르메니아인들이 한 언어를 쓰게 되었다고 기록했다.

1-4세기 아르메니아는 로마와 파르티아(뒤이어 페르시아 사산 왕조)의 각축장이 되었다. 파르티아의 아르사시드(Arsacid) 왕족이 아르메니아의 왕좌를 차지하는 대신, 각 왕의 임명은 로마의 승인을 받게 되었다. 그러나 이 약속이 지켜지지 않자 로마의 트라야누스(Traianus) 황제는 아르메니아로 원정하여 파르티아가 임명한 왕을 퇴위시키고, 아르메니아를 로마의 속주로 편입시켰다.(114-117년) 이 당시 아르메니아는 카스피해 해안에까지 이르렀고, 북쪽으로는 로마의 가신국인 이베리아와 코카서스 알바니아와 국경을 접했다. 트라야누스 황제의 뒤를 이른 하드리아누스 황제는 118년 아르메니아의 직접 관할을 포기하고 아르사시드 왕족을 다시 분봉왕으로 책정했다. 파르티아 왕 볼로가세스(Vologases) 4세가 자신의 장군을 아르메니아 분봉왕으로 임명하자, 로마의 베루스(Lucius Verus) 황제는 162년 직접 군대를 끌고 아르메니아로 원정을 와서 파르티아 세력을 물리치고 다시 분봉왕을 책정했다. 252년 페르시아의 사산 왕조가 아르메니아를 차지했으나, 287년 로마가 다시 아르메니아를 차지했다. 384년 동로마와 페르시아 사산 왕조는 아르메니아를 동서로 나누는 협약을 체결했다. 서부 아르메니아 지역은 소아르메니아(Armenia Minor) 또는 비잔틴 아르메니아라는 명칭으로 동로마 제국의 한 지방으로 편입되었고, 서부 아르메니아는 428년까지 사산 왕조의 지배를 받았다.

기독교 수용과 문자 창제

288년(또는 287년) 왕위에 오른 트르다트 3세(재위 287-330년 경)는 왕위에 올라 로마와 사산왕조가 패권 다툼을 하는 사이에서 국력의 회복을 꾀하고 대아르메니아를 하나의 정치적 통합체로 만드는 노력을 기울였다. 그는 왕권을 강화하기 위해 중앙집권적 행정제도를 만들었고, 지방의 영토 분할과 주지사 제도도 개혁하여 상업의 발전과 군사적 안정을 꾀하였다.

트르다트 대왕(3세)이 도입한 가장 큰 변화는 기독교의 수용이다. 아르메니아가 기독교를 국교로 수용한 과정에 대한 전승에 따르면 디도(Thaddeus)와 바돌로매(Bartholomew) 두 사도가 예데사와 아르메니아를 여행하여 새로운 종교를 전파했다고 한다. 이 설명에 따르면 2세기 후 아르메니아 교회의 초대 대주교인 그리고르 루사보리치(Grigor Lusarovich, 선각자 그레고리Gregory the Illuminator)가 평민들과 귀족들에게 기독교를 전파하기 위해 지대한 노력을 기울였다. 트르다트 대왕은 처음에는 기독교에 반대했지만, 자신의 치명적 질병에서 기적적으로 회복한 후 기독교를 국교로 수용하고 아르메니아 제자교회(Armenian Apostolic Church)를 설립했다고 한다.

역사적 사실은 반(半)신화적인 설명보다 훨씬 복잡하다. 기독교는 먼저 시리아에 전파된 후 소아시아의 카파도키아 지방에 전파되었다. 기독교는 두 방향으로 대아르메니아에 전파되었다. 남쪽에서는 기독교가 메소포타미아 지역의 므트스빈(Mtsbin)의 공식 종교가 되었고 서쪽으로는 오스레오네 왕국(Osreone kingdom)의 수도 예데사에 전파되었다. 아르메니아 기독교 전파 운동에 핵심 역할을 한 것은 그리고르 루사로비치였다. 그의 설득에 의해 트르다트 3세는 301년(또는 314년)기독교를 받아들이고 국교로 선포하였다. 그러나 이러한 기독교 수용과정은 정치적 성격을 강하게 띠었고 내정과 대외 정책에서 깊은 반목과 대립을 만들어냈다.[8]

아르메니아가 기독교를 수용한 데는 두 가지 큰 배경이 있었다. 그 첫째는 대외 정책의 목표였다. 로마의 보호에 더욱 의존하게 된 아르메니아 지도부는 사산 왕조의 간섭에서 벗어나 독자적인 통치 기반을 이루고자 하였다. 당시 로마는 기독교를 공식으로 인정하기 전이었지만, 아르메니아의 기독교 수용을 반(反)페르시아 정책으로 보고 이를 환영했다. 다음으로 국내적으로는 왕권의 강화와 중앙집권 노력에 철학적, 사상적 근거를 마련해줄 수 있었다. 트르다트 대왕과 그의 지지자들은 보다 중앙집권화된 왕조를 건설하기 위해 다신교적 전통에서 유일신 종교로 전환하는 것이 필요했다. 트르다트는 기독교를 전파하는데 힘쓰면서, 이교 신앙 전통의 중심인 사원들을 파괴하고 사원 경제와 관련된 분권적인 경제를 소멸시키려고 노력하였다. 국왕을 비롯한 아르메니아 지도부도 새로운 기독교 조직에 유례없는 지원을 제공했다. 트르다트 대왕은 그리고르 루사보리치에게 15개 지방을 포함한 광대한 토지를 하사했다. 기독교가 국교로 공인되자 교회는 아르메니아의 가장 강력한 기관의 하나가 되었다. 313년 로마의 콘스탄티누스가 기독교를 포함한 모든 종교를 인정하고, 개인적으로 기독교로 개종하면서 아르메니아에서 기독교가 갖는 권위는 강화되었다.[9]

4세기 말 페르시아의 샤푸르 3세와 로마의 데오도시우스 1세(재위

379-95년) 황제는 에케기아츠(Ekeghiats) 조약을 맺고 아르메니아를 분할했다. 이 조약에 따르면 대아르메니아는 북쪽으로는 예르제룸에서부터 남쪽으로는 마르티로폴리스(Martyropolis), 서쪽으로는 니시비스까지 국토의 약 80%를 사산 왕조가 장악하고, 나머지를 로마가 차지했다.

브람샤푸후(Vramshapuh, 재위 389-417년) 시기에 아르메니아의 분할에 대한 대응으로 아르메니아 역사와 국가적 정체성에 핵심적 역할을 하게 되는 아르메니아 문자가 창안되었다. 왕과 대주교 사하크(Sahak)는 아르메니아의 분할로 동화 과정이 빠르게 진행되고, 정치적, 문화적 주권도 상실될 위험에 처했다고 보았다. 당시의 구술 문화는 독자적 민족 문화를 구별하기에 부족하다고 판단했다. 왕과 교회는 사제인 메스롭 마슈토츠(Mesrop Mashtots)에게 새로운 문자를 고안하는 임무를 맡겼다. 405년 아르메니아 문자가 창안된 이후 많은 사제들과 학자들이 그리스와 시리아 기독교 문헌을 아르메니아어로 옮기는 일에 큰 노력을 기울였다. 이러한 작업을 통해 아르메니아 민족 문화의 정체성이 강화되었고, 교회는 점차적으로 아르메니아 문화, 문학, 교육에 대한 독점적 주도권을 잡았다.[10]

---

8. 같은 책, 35-36.

9. 같은 책, 36-37.

10. 같은 책, 39-40.

아랍의 침입과 바그라드 왕조

비잔틴제국과 페르시아 사산 왕조에 의해 분할 지배되던 아르메니아는 일시적으로 비잔틴제국의 영향 하에 들어갔다. 591년 비잔틴 황제 마우리스는 페르시아를 격파하고 아르메니아 지역 대부분을 차지했다. 629년 아르메니아 출신 비잔틴 황제 헤라클리우스(Heraclius)는 아르메니아를 완전히 복속시켰다. 그러나 645년 아랍의 칼리프 세력이 북상하여 아르메니아 지역 대부분을 차지하고 이슬람 칼리프 국가 내에 한 지방으로 만들고 아르미니아(Arminiya)라고 불렀다. 지역의 유지를 가신으로 임명하여 간접 지배를 한 아랍의 지배는 9세기 중반까지 이어졌다.

9세기 중반 아랍의 세력이 약화되자 바그라티 왕조(Bagrationi dynasty)가 탄생하여 아르메니아 중세 시대를 열었다. 바그라티 왕조는 885년 바그다드의 아랍 왕조에 의해 인정되었고, 886년 비잔틴도 아르메니아의 주권을 인정하였다. 10세기 중반 전성기를 맞은 바그라티 왕조는 964년 아니(Ani)에 새로운 수도를 건설하였다. 외세의 간섭이 덜한 좋은 환경에서 출발한 바그라티 왕조는 지방 호족들의 세력을 제대로 통제하지 못하면서 왕권이 약화되었다. 11세기 중반 아르메니아는 다시 주변 강대국의 지배를 받게 되었다. 비잔틴제국은 1045년 수도 아니를 정복하였고, 1064년 새롭게 부상한 셀주크 제국이 아니를 정복하였다. 1071년 비잔틴이 셀주크에 패배하자 대아르메니아 전역은 셀주크 제국의 손에 떨어졌다. 1080년 아르메니아인 일부가 남부의 실리시아(Cilicia)로 이동하여 비잔틴제국의 보호 하에 실리시아 왕국을 건설하였다. 3차례의 십자군 원정군이 거쳐 간 이 왕국은 1375년까지 존속하였다.

오스만 터키와 페르시아 사파비 왕조 사이에서

비잔틴의 쇠락과 멸망 후 아르메니아는 오스만 제국과 페르시아 사파비 왕조(Safavid empire, 1502-1783년)의 각축장이 되었다. 전략적 요충인 아르메니아를 차지하기 위한 두 제국의 경쟁은 아주 치열하여 1513년부터 1737년 사이 예레반은 열네 번이나 주인이 바뀌었다. 두 제국은 이 지역에서의 주도권 장악을 위해 끊임없이 전투를 벌였고, 이로 인해 많은 아르메니아인들이 서쪽으로 이주하게 되었다. 오스만 제국의 술탄 셀림 1세(Selim I, 재위 1512-20년)와 '대왕' 술레이만 1세(Suleyman I the Magnificent, 재위 1520-66년)는 육지와 해상에 걸쳐 영역을 크게 확장했다. 셀림 1세는 이집트의 맘룩 술탄국(Mamluk sultaneate)을 격파하고 중동의 상당 부분(실리시아, 시리아, 예루살렘, 이집트)을 차지했다. 술레이만 1세는 유럽으로도 진출하였을 뿐 아니라, 페르시아의 사파비 왕조로부터 타브리즈와 바그다드를 뺏었다. 오스만 군대는 아르메니아 지역 대부분을 점령하여 에르제룸, 반 지역 뿐 아니라 더 동쪽에 위치한 모술(Mosul), 마라쉬(Marash) 등을 차지했다.

사파비 왕조의 새 지도자 샤 아바스(Shah Abbas, 재위 1588-1629년)는 수세에 몰려 오스만과 평화조약을 맺고 타브리즈 시르반(Shirvan)과 동부 아르메니아, 아제르바이잔, 조지아 일부 지역을 오스만에 양도했다. 그러나 아바스는 곧 군대를 동원해 코카서스 북쪽 깊숙이 진출했다. 율파(Julfa) 지역에 거주하던 아르메니아인들은 처음에는 사파비 왕조의 군대를 오스만튀르크의 지배로부터 자신들을 해방시키는 우군으로 받아들였으나, 사파비 군대는 점령하는 지역을 잔인하게 파괴하고 초토화 작전을 펼쳐서 아르메니아 도시와 촌락은 철저히 파괴되었고, 30-50만 명의 유민이 페르시아의 아스타판(Astafan)으로 강제 이주되었다. 이주 과정에서 절반 가까운 숫자가 사망할 정도로 아르메니아인들이 겪은 고난은 컸다. 이주자들은 사파비 왕조의 수도인 아스파한(Isfahan)의 남부에 세워진 새 도시 율파(New Julfa)에 정착했다. 1639년 오스만의 무라드 4세와 사파비의 샤 아바즈는 주하브 조약(Treaty of Zuhab)을 체결하여 역사적 아르메니아 지역을 양분하기로 결정했다. 오스만 투르크는 아르메니아 고원을 지나 반 호수 지역과 바야지드, 카르스, 아르다한(Ardahan)을 차지하였고, 사파비 왕조는 타브리즈, 시르반, 예레반 지역을 차지하였다.[11]

러시아의 남하

스웨덴을 격파하여 발트해 지역 장악에 성공한 표트르 대제(재위 1689-1725년)는 코카서스 지역으로 눈을 돌렸다. 표트르 대제는 1722년 험준한 코카서스 산맥을 피해 카스피해 연안을 통해 러시아 군대를 파견했다. 러시아의 적극적 남하 정책은 이 지역의 다비트 벡(Davit Bek)같은 아르메니아 부족장을 자극하여 독립 운동에 나서게 했다. 사파비 왕조 멸망에 따른 공백을 러시아가 메우는 것을 막기 위해 오스만 군대도 1724년 코카서스로 진군했다. 양측 군대의 공격으로 1724년 코카서스는 둘로 나뉘게 되었고, 오스만 군대는 아르메니아를 확보했고, 러시아군은 카스피해 연안을 점령했다. 그러나 표트르 대제 사망 후 러시아군이 철수하면서 오스만 터키의 영향력이 강화되었다.

예카테리나 여제(재위 1762-96년)는 다시 적극적인 남하정책을 폈다. 우크라이나 방면에서는 흑해와 크림 반도를 장악한 후 콘스탄티노플로 진출하는 소위 "그리스 프로젝트"를 펼쳤고, 인도양으로 진출하는 교두보를 마련하기 위해 코카서스로 진출하는 소위 "코카서스 프로젝트"를 추진하였다. 1768년 러시아와 오스만 투르크는 전쟁에 돌입하였다. 전쟁에 승리한 러시아는 1774년 쿠추크 카이나프지(Kuchuk Kainafji) 조약을 통해 흑해 연안 지역을 복속시키고 다다넬스 해협을 통해 지중해로 진출할 수 있는 권한을 얻었다. 1768-74년 오스만 터키와의 전쟁 이후 예카테리나는 크림반도에 거주하던 아르메니아인들을 아조프 해(Sea of Azov)에서 30마일 정도 떨어진 돈 강가의 로스토프 나 돈(Rostov na Don)으로 이주시켰다. 1783년 4월부터 러시아는 코카서스 지역에 대한 새로운 원정 계획을 수립하기 시작하였다. 조지아인들과의 협의로 1783년 7월 게오르기옙스크 조약(Treaty of Georgievsk)을 맺고 동부 조지아를 러시아의 보호령으로 만들었다. 예카테리나 여제는 코카서스에 대한 원정을 계획했으나 1784년 오스만 터키와 크림 반도의 안정 보장에 대한 협약을 맺은 후 원정 계획을 보류했다. 1794년 페르시아 카자르(Qajar) 왕조 군대는 코카서스에 대한 원정을 감행하여 1796년 트빌리시와 동부 아르메니아를 장악했다. 이 과정에서 페르시아군은 잔혹한 파괴 행위와 주민 학살을 벌였는데, 유명한 아르메니아 음유시인 사야트 노바(Sayat Nova, 1762-96

---

11. 같은 책, 105-107.

년)도 이때 죽임을 당했다.[12]

알렉산드르 1세는 1801년 조지아와 북부 아르메니아의 러시아 병합을 선언하고 예레반과 간제(Ganja)를 병합할 계획을 세웠다. 사파비 왕조의 뒤를 이어 등장한 페르시아의 카자르(Qajar) 왕조는 영국과 프랑스의 군사 지원을 받아 러시아의 남하에 대항하였다. 곧 이어 양국 사이에 전쟁이 벌어져 1804년 7월 치치아노프(Tsitsianov) 장군이 이끄는 러시아군은 귬리(Gyumri)와 예레반을 점령하고, 카라바흐에 주둔하던 페르시아군은 1805년 러시아군에 항복하였다. 그러나 러시아가 다시 오스만 터키와 전쟁을 하고, 유럽에서 나폴레옹 전쟁으로 인해 러시아는 코카서스에서의 군사 작전을 중지할 수밖에 없었다. 러시아는 코카서스의 정복지역에 대한 완전한 통치권을 확보하지 못했고, 세 국가 간의 여러 차례의 협약을 통해 국경이 결정되었다. 이러한 과정은 아르메니아인들의 운명에 큰 영향을 미쳤다. 1806년에 시작된 러시아와 터키의 전쟁을 마무리 지은 1812년의 부카레스트 조약에서 양국은 아쿠리 강(Akhurian River)을 경계로 삼기로 했다. 페르시아는 1813년 러시아와 굴리스탄 조약(Treaty of Gulistan)을 맺었다. 이 조약으로 페르시아는 아락스(Arax) 강과 쿠라 강 북쪽 지역 중 예레반과 나흐치반을 제외한 나머지 지역을 러시아에 넘겨줘야 했다. 러시아의 차르가 교체되고, 데카브리스트 반란이 일어난 틈을 타서 실지를 만회하기 위해 페르시아의 황태자 아바스 미르자(Abbas Mirza)는 1826년 카라바흐를 공격하여 러시아와 페르시아 간의 전쟁이 2년간 진행되었다. 이 전쟁에서도 페르시아는 러시아에 패했다. 1828년 2월 맺어진 투르크멘차이 조약(Treaty of Turkmenchai)으로 페르시아는 예

아 고유의 문화적 정체성을 찾는 동시에 민족 해방, 민족국가 건설(nation-building) 등을 옹호하는 서구의 사상과 가치를 수용하는 노력으로 귀결되었다. 가톨릭 계통인 메키타리스트 결사(Mekhitarist Order)가 아르메니아 문화 운동에 헌신한 첫 단체였다. 1717년 베니스의 성 라자루스 섬에서 이 결사를 창설한 메키타르 세바스타치(Mekhitar Sebastatsi, 1676-1749년)는 아르메니아 고전 문학의 명작들을 출판함으로써 언어와 문학을 부활시키고자 하였다. 이러한 운동에 동참한 사람은 《아르메니아 역사(Hayots patmutiun)》를 저술한 캄키안(Mikayel Chamchian, 1738-1832년), 《시스에 대해(Sisakan)》, 《조국 아르메니아에 대한 기억(Hushikk Hayrenyats Hayots)》, 《아르메니아가 되기 전의 아르메니아(Hayastan harai kan zlineln Hayastan)》와 기념비적인 《아르메니아 역사(Hayapatum)》를 쓴 신부 알리샨(Ghevond Alishan, 1820-1902년), 시인이자 번역가인 후르무지안(Edvard Hurmuzian), 《영웅 아르메니아(Hayk diutsan)》를 쓴 바그라투니(Arsen Bagratuni, 1790-1866년) 등이 있다. 이러한 운동은 유럽 대학에서 교육을 받은 젊은 아르메니아 지식인들에 의해 명맥이 이어졌다. 이들은 유럽의 계몽사상과 프랑스와 러시아의 혁명 사상에 큰 영향을 받았다. 1850년대부터 1880년대 사이에 활동한 통칭 "르네상스 세대(Renaissance generation)" 지식인들은 오스만 제국 정치 체제 내에서의 개혁뿐만 아니라, 아르메니아 기관과 사회의 변혁도 주장하고 나섰다. 개혁주의자들은 아르메니아 문화의 자유화와 세속화, 아르메니아 고전어 집착에서 구어 사용으로의 변화를 촉구했다.[15]

오스만 술탄 압둘 하미드와 러시아 황제 알렉산드르 3세(재위 1881-

94년)의 압제적 정책과 베를린 조약에 나타난 유럽 열강의 기만적 외교 정책에 실망한 아르메니아 지식인들은 민족주의 운동의 방향을 이전의 문화적 각성 운동에서 무장 혁명 운동으로 전환했다. 문예 부흥과 문화적 민족운동은 민족 해방과 민족 혁명으로 변화했다. 오스만 터키의 적대적 정책이 강화되면서 일부 아르메니아인들은 외부의 지원을 기대하기보다 자체 무장 투쟁으로 방향을 바꾸었다. 1878년 반에서 결성된 검은십자가단(Black Cross Society)과 1881년 에르제룸에서 결성된 조국방어단(Protectors of the Fatherland)이 이런 대표적인 단체였다. 1880년대에는 민족주의 이념과 혁명적 전략을 내세운 정당들도 나타났다. 1885년 반 시에 아르메니아당(Armenakan Party)이 결성되었고, 1887년 제네바에서는 흔차키안혁명당(Hnchakian Revolutionary Party)이 만들어졌다. 1890년 트빌리시에서는 아르메니아혁명연맹(ARF, Armenian Revolutionary Federation)이 결성되었다. 이들 정당들은 이념과 투쟁 수단이 다르기는 했지만 터키 내에서 술탄 압둘하미드에 반대하는 "청년 투르크당(Young Turks)"과 협력을 했고, 특히 아르메니아혁명연맹은 밀접하게 활동했다. 아르메니아에 "부르주아" 민족주의가 형성되지 않은 것이 민족운동이 급진적 성격을 띠게 된 주요 원인이 되었다.

19세기 후반 민족주의 운동의 발전

19세기 말 자유주의적 개혁과 민족 독립을 위한 폭발적인 민족운동은 처음에는 서부의 발칸반도 지역에서부터 시작되었으나 점차로 동부의 역사적 아르메니아 지역으로 확산되었다. 오스만 정부는 이러한 운동에 강압적으로 대처하였으며 자주 민족운동 지도자들을 투옥시켰다. 오스만 지배에 저항하는 아르메니아 공동체의 지도자들과 지식인들은 투옥되었다.

1903년 7월부터 러시아 황제 니콜라이 2세(재위 1894-1917년)는 아르메니아 교회의 재산을 몰수하기 시작했다. 이 조치로 반러시아, 반차르 운동이 크게 격화되었다. 에크미아드진의 대주교 크리만 하이릭(Krimian Hayrik, 재임 1892-1906년)은 재산 몰수 명령을 무조건 거부했다. 당시까지 보수적 아르메니아 교회를 비판했던 아르메니아혁명연맹(ARF)과 다른 정치 단체들도 대주교의 행동을 지지하고 교회 재산의 반환을 요구했다. 교회도 당시까지 혁명적 그룹과 거리를 두던 정책을 버리고 아르메니아 혁명연맹을 비롯한 급진적 그룹들과 협력을 시작했다. 1905년 페트로그라드에서 혁명이 발생하자, 코카서스 지역의 농민과 노동자들도 시위와 파업에 가다했다. 혁명 그룹들은 지하 출판물 등을 통해 차르 체제에 대한 혁명을 선동했다. 로리(Lori)와 알렉산드로폴(Aleksandropol, Gyumri) 같은 도시에서는 농민들과 노동자들이 군대와 무장 충돌을 벌였다. 당시 가장 영향력이 있던 혁명 그룹은 혁명연맹(ARF)이었고 흔차키안혁명당(Hnchakian Revolutionary Party)은 점차로 러시아 사회민주당(Social Democrat), 러시아 사회혁명당(Social Revolutionary)과 노선을 같이 했다. 19세기가 끝날 무렵 아르메니아당과 흔차키안당은 내분으로 세력이 크게 약화된 아르메니아당이 주로 상류층의 이익 보호에 관심이 있었던 반면, 흔차키안당은 사회주

---

15. 같은 책, 117.

의 운동의 국제적 연대에 관심을 쏟았다. 아르메니아 일반 민중들이 보기에 두 당은 주민들의 안전 보장과 경제적 이익 보호 등의 당면한 현실적 문제와 동떨어진 노선을 추구하고 있었다. 반면에 혁명동맹(ARF)은 주민의 안전 보장과 경제적 이익 보장에 관심을 보여 더 넓은 지지층을 확보하고 있었다.[16]

20세기 초 아르메니아와 터키 사이에 일어난 불행한 일은 양국 사이의 입장과 주장이 다르기 때문에 드왈의 책에 서술된 내용을 요약해 정리하여 제시한다.[17]

> 19세기 후반 오스만 제국은 체제 개혁과 경제적 실패로 몰락의 길로 들어섰다. 농지를 잃고, 압제적 통치에 시달리던 오스만 제국 내의 아르메니아 농민들은 러시아 내의 아르메니아 동포들의 지원 약속을 받았다. 영국 수상 글래드스톤(William Gladstone) 같은 서방 지도자들은 오스만 제국 내 기독교인들의 탄압에 대해 술탄에게 항의했다. 1878년 베를린 조약으로 오스만 제국의 분열은 가속화되었고, 오스만 정부는 아르메니아인들을 보호한다는 약속을 하였지만 실제 상황은 계속 악화되었다. 1894년에 발생한 아르메니아인들의 반란은 무자비하게 진압되었고, 술탄 하미드 2세(Abdul Hamid II)는 1895-1896년 학살과 탄압으로 반란에 대해 응징했다. 1908년 젊은 투르크당(Young Turks)은 술탄 하미드를 하야시키고 잠시 입헌제를 실시했으나 1912-13년 발칸전쟁에서 오스만 투르크가 패하자 정권을 잡았다.
>
> 1914년 7월 28일 오스트리아가 세르비아에 선전포고를 함으로

써 1차 대전이 발발하게 되었고. 8월 3일 '젊은 투르크당' 정부는 연합국에 대항하여 독일과 비밀 동맹을 맺고 전쟁을 위한 총동원령을 내렸다. 극단적인 범튀르크주의자(pan-Turkist)였던 청년 '튀르크당'의 지도자 엔베르 파샤(Enver Pasha)는 코카서스를 침공하여 과거의 패배에 대한 복수를 하고 아제르바이잔에서 중앙아시아에 이르는 터키계 민족을 연합할 계획을 세웠다. 1915년 1월 카르스(Kars) 남부에서 벌어진 전투에서 러시아군에 크게 패해 전 병력의 5/6를 잃었다. 이 전투에서 터키군은 75,000명이 전사하고 러시아군도 16,000명이 전사한 것으로 기록되었다.

터키군이 패배를 당하자 아르메니아 반란군은 고무되어 산발적 공격을 하였고, 이에 대해 터키군은 반(Van) 지역에서 무자비한 응징을 가하였다. 1915년 4월 24일 터키 정부는 콘스탄타노플에 거주하는 250명의 아르메니아계 지도급 인사들을 체포하였다. 며칠 후 600여 명의 인사가 추가로 체포되어 투옥되거나 추방당했고, 일부는 죽임을 당했다. 오스만 제국에서 봉직하던 수만 명의 아르메니아인들은 해직되었다. 내무장관이던 탈라트 파샤(Talat Pasha)의 명령으로 아르메니아인들에 대한 본격적인 추방과 탄압이 시작되었다. 우선 아나톨리아 동부 지역에 거주하는 아르메니아인들이 대량으로 강제 이주 당했다. 아르메니아인들의 재산은 몰수되었고, 일부 남성들은 현장에서 처단되었으며 이슬람으로의 개종도 강요되

16. 같은 책, 120.

17. De Waal, 54-59.

었다. 수많은 사람들이 이라크와 시리아의 사막지대로 강제 추방당했다. 아나톨리아 쿠르드도 이주되는 주민들에 대한 약탈과 학살에 가담했다. 시리아 북서부 지역의 데르 조르(Der Zor) 사막에서 수많은 주민들이 노천에 방치되어 많은 희생자가 나왔다. 수만 명의 아시리아 기독교인들도 아르메니아인들과 같은 고난을 당했다.

1차 대전 중 동부 아나톨리아 지역은 전쟁의 피해가 가장 컸던 지역 중 하나이고, 특히 아르메니아인들의 희생이 컸다. 1918-22년 연합국 사법당국은 탄압과 학살에 관여한 63명의 터키군 지휘관을 재판에 회부한 바 있다. 2009년 10월 아르메니아와 터키는 외교관계 수립을 위한 역사적 문서에 서명하고, 양국 간 신뢰 회복을 목적으로 한 상호 대화를 위해 역사 위원회를 설치하기로 합의했다. 이 위원회는 "현존하는 문제를 파악하고 건의안을 작성하기 위해 역사적 기록과 사료를 공정하고 과학적으로 검증"하기로 했다. 이 합의안은 이민 사회를 비롯한 많은 아르메니아인들로부터 "역사적 진실을 배신하는 것과 마찬가지"라는 비난을 받았다.

소련 시대

1920년 8월 10일 연합국과 동맹국, 오스만 터키 사이에는 세브르(Sèvre) 조약이 체결되었다. 이 조약에는 서명국 모두가 아르메니아를 자유로운 독립 국가로 인정한다는 조항이 들어있었다. 그러나 아르메니아의 국경을 확정짓는 문제는 우드로 윌슨 대통령과 미 국무부에 위임되었다. 11월 20일 발표된 새로운 국경은 아르메니아에 흑해 접근권을 주고, 오스만 제국의 동부 지역 넓은 부분을 아르메니아에게 넘겨주는 것으로 결정되었다. 터키 정부는 세브르 조약에 서명하였지만, 술탄 마흐메드 6세는 서명을 하지 않아 효력을 발휘하지 못했다. 곧 이어 시작된 무스타파 케말이 이끄는 터키 민족운동은 어떠한 영토 할양도 인정하지 않았고, 아르메니아와의 충돌이 불가피했다.

1920년 9월 20일 터키 민족주의 민병대가 사리카미쉬(Sarikamish) 지역을 침공하자 9월 24일 아르메니아는 터키에 선전포고를 선언했다. 터키의 지도자 무스타파 케말은 모스크바에 사절단을 보내 동맹 체결을 청원했다. 볼셰비키 정부는 금과 무기 등을 터키 혁명세력에게 지원했다. 1920년 11월 터키군은 알렉산드로폴(귬리)을 장악하고 예레반으로 진격했다. 11월 18일 양측은 휴전을 선언하고 강화 협상에 들어가 12월 3일 알렉산드로폴 강화조약을 체결했다. 그러나 아르메니아 정부는 그 전날 적군(赤軍) 수중에 떨어진 상태였다. 강화 조약 협상이 진행되는 동안 오르제니키제(Grigoriy Ordzhonikidze)가 이끄는 적군 11군은 거의 저항을 받지 않고 아르메니아로 진입해 12월 2일 예레반을 점령했다. 볼셰비키는 터키군의 침공으로부터 아르메니아를 보호하는 조건을 내걸고 아르메니아에 공산 정권을 수립했다. 1921년 볼셰비키 정부와 터키는 카르스 협정(Treaty of Kars)를 체결해 터키는 아드자라(Adjara) 지방을 소련에 내주는 대신 카르스 지방을 차지했다. 이때 터키에 양도된 지역에는 고대 수도인 아니와 아라라트 산악지역이 포함되어 있었다.

1921년 3월 12일 남코카서스의 세 공화국은 트랜스코카서스 소비에트사회주의공화국연방(Federal Union of Soviet Socialist Republics of Transcuacasia)을 결성하였다. 1920년대 말까지 공산 정권의 산업정책은 큰 성과를 내지 못하였다. 경제적인 어려움에도 불구하고 1920년대와 1930년대 아르메니아는 문화 부문에서 적은 수이기는 하지만 뛰어난 활동가들을 배출했다. 1925년 예레반에는 아르메니아 과학아카데미가 창설되었다. 당시 저명한 학자와 예술가로는 역사학자 마난디얀(Hakob Manandyan, 1873-1952), 레오(Leo, Arakel Babakhanian, 1860-1935) 언어학자 아자리안(Avetik Ajaryan, 1876-1953), 아베그히안(Manuk Abeghyan, 1865-1944), 작가 이사하키안(Avetik Isahakyan, 1875-1957), 차렌츠(Eghishe Charents, 1897-1937), 음악가 스펜디아로프(Alaksandr Spendiarov, 1871-1928) 등이 있다.[18]

1936년 트란스코카서스 연방공화국이 해체되면서 아르메니아는 별도의 연방공화국 지위를 얻었다. 스탈린 시대에 아르메니아 정치인, 지식인, 문화예술인들은 다른 지역에서와 마찬가지로 체포와 처형, 강제수용소 수감 등 많은 고난을 겪었다. 코카서스 지역의 대숙청은 스탈린에게 권력을 위임받은 조지아의 라브렌티 베리야가 주도했다.

2차 대전 시기 아르메니아는 독일군의 침공을 받았지만, 독일군과 소련군의 전선은 코카서스 초입에 형성되었다. 아르메니아는 많은 병력 자원과 군수품을 지원했다. 2차 대전 후 아르메니아는 급격한 도시화와 공업화가 진행되었다. 소련의 강력한 중앙 통제 덕분에 아제르바이잔과의 영토, 민족 분쟁은 수면 하로 숨어들었으나, 근본적으로 문제가 해결된 것이 아니라, 중앙 권력이 느슨해지면 언제든지 재발할 수 있는 위험성이 있었다. 고르바초프의 페레스트로이카가 시작되면서 아르메니아에서도 환경문제를 둘러싼 대규모 민중 시위가 벌어졌다. 소련 말기 아르메니아에서 벌어진 가장 큰 비극은 1988년 스티타크 지역에 발생한 강력한 지진이다. 이 지진으로 수십만 명의 사상자와 난민이 발생했으며, 레니나칸(Leninakan) 시(현재의 굼리 Gyumri)는 거의 폐허로 변했다.

고르바초프의 페레스트로이카 시기 실시된 느슨한 개혁 조치와 시장경제 체제는 소비재 결핍, 저임금, 열악한 노동 조건 등 산적한 경제 문세를 해결하지 못하였다. 소련 체제가 붕괴되고 경제적 여건이 악화되면서 많은 아르메니아인들이 북아메리카, 서부 유럽, 오스트레일리아로 이주했다. 1988년 2월 20일 나고르노-카라바흐 의회가 아르메니아와의 합병을 의결하면서 나고르노-카라바흐 사태가 발생했고, 아르메니아인들과 아제르바이잔인들 사이의 유혈 충돌이 일어났다. 1988년부터 1990년까지 당 제1서기를 맡았던 하루튜니안(Suren Harutyunyan)은 부패를 청산하고, 원자력발전소의 운영을 중지시킴으로써 환경문제를 해결하고, 당 휴양소를 보건, 휴양시설로 전환하겠다고 약속했다. 민주적 체제 변환과 카라바흐 위기를 해결할 수 없었던 그는 1990년 4월 사임했다. 최고회의는 모스크바가 지명한 후임자인 모브시샨(Vladimir Movsisyan)을 비토하고, 대신에 아르메니아 민족운동이 주도하는 연정은 테르페트로샨(Levon Ter-Petrosyan)을 최고회의 의장으로 선출하고, 마누크얀(Vazgen Manukyan)을 수상으로 선

18. Payaslain, 175.

출했다. 8월 테르페트로샨이 이끄는 새 정부는 소련으로부터 독립을 선언하고, 정치, 경제 자유화 개혁 조치를 취하기 시작했다.

카라바흐에서의 유혈 충돌은 이 시기 이미 전쟁으로 발전했다. 아르메니아 병사들은 초기에는 러시아군와 아제르바이잔군에 절대적 열세를 보였으나, 1991년 8월 모스크바에서 발생한 쿠데타의 여파로 러시아군 지휘체계가 무너지면서 아르메니아군은 승기를 잡을 수 있었다. 아르메니아군과 아제르바이잔군은 각각 독립 국가의 정규군과 같이 전쟁에 돌입했다.[19]

1991년 여름 보수파의 모스크바 쿠데타가 실패로 돌아가자 아르메니아 최고회의는 8월 23일 독립을 선언했고, 이어 실시된 국민투표에서는 절대 다수 국민이 독립을 선호해 9월 21일 정식으로 독립을 선언했다. 12월 25일 고르바초프의 소련 대통령직 사임으로 소련이 해체되면서 아르메니아는 실질적 독립을 획득했다. 10월 16일에 실시된 선거에서 아르메니아 민족운동의 테르페트로샨 후보는 83%의 지지를 얻어 대통령으로 선출되었다.

독립 아르메니아

전 세계에 있는 아르메니아인들은 아르메니아공화국의 독립을 환호와 열광으로 반겼지만, 신생 독립국 아르메니아는 정치, 경제, 사회 모든 면에서 엄청난 과제와 도전에 직면했다. 정치 자유화와 시장경제 도입은 소련으로부터 물려받은 지정학적, 경제적 현실에서 출발해야 했으며 설상가상으로 이웃한 카라바흐 지역의 무력 충돌은 계속되고 있었다.

새로운 통치 체제 구축의 첫 단계인 신헌법의 채택은 1995년 7월에야 이루어졌다. 새 정부를 구성하면서 테르페트로샨 대통령은 해외 이민사회, 그 중 특히 미국 이민사회의 인재들을 대거 등용했다. 외무부 장관 호바니시안(Raffi Hovannisian), 에너지 장관 태시지안(Sebouh Tashjian) 등이 대표적 인물이었고, 대통령 보좌진으로도 국외 인사들을 임명했다. 신생국가가 당면한 여러 가지 어려움에도 불구하고 국민 모두와 해외교포들은 조국을 위해 봉사할 준비가 되어 있었다. 경제 문제가 새 정부가 해결해야 할 가장 중요한 선결적 과제였다. 그러나 천연자원과 충분한 국내 시장이 결여되고, 정치·경제적 불안정이 지속되는 상황에서 외국 투자를 끌어들이는 것은 쉬운 일이 아니었다. 독립 후 첫 3년 동안 아르메니아 경제는 극도로 비관적인 상황에 처해있었다. 경제 전문가들은 아르메니아 경제가 대불황에 빠질 위험이 있다고 경고했다. 1988년부터 1993년 사이 산업 생산은 거의 63%나 감소하였고, 국내총생산은 50%, 에너지 생산은 60%가 감소했다.[20]

정부가 가장 큰 관심을 기울여야 할 문제는 1988년 지진으로 큰 피해를 입은 스피타크와 굼리 지역의 복구였다. 그러나 테르페트로샨 정부는 제대로 된 재건 계획을 수립하지 못하였다. 설상가상으로 1993년 말에는 아제르바이잔의 유혈 사태를 피해 약 334,000명의 난민들이 아르메니아로 유입되어 인구의 10% 정도를 이루었다.

---

19. 같은 책, 197-198.

20. 같은 책, 201.

난민들 중 약 13만 명은 국제적 인도주의 지원을 받았다. 약 10만 명의 주민은 주거 환경이 아주 열악한 300여개의 공동주거 시설에 수용되었다. 1988년 지진과 카라바흐 사태로 아르메니아 전체 인구의 약 1/3이 무주택 상태에서 생활했다. 정부의 예산이 50% 이상 삭감되면서 교육도 큰 타격을 입었다. 중등학교 교사의 월 급여는 20달러에 불과했다. 1991년부터 1994년까지 가장 어려운 시기를 지나는 동안 교포 사회의 재정적 지원은 큰 도움이 되었다. 해외의 아르메니아 교회들과 자선단체들은 담요에서 의약품에 이르기까지 수백만 달러어치의 구호 물품을 지원했다. 1993년 겨울연료지원프로젝트(Winter Fuel Project)를 통해 2천만 달러 이상의 의류, 건자재, 서적, 컴퓨터, 의약품을 지원한 것을 포함하여 연합아르메니아기금(United Armenian Fund)는 1990년부터 1993년까지 6천만 달러 상당의 물품을 지원했다.[21]

1996년 대통령 선거에서 테르페트로샨은 재선에 성공하였으나, 일부 지역에서의 선거 부정에 대해 반발이 일어났다. 반정부 시위는 유혈 충돌로 격화될 상황에 처했으나 군부는 예레반 시내에 탱크를 배치함로써 유혈 충돌을 사전에 막았다. 그러나 테르페트로샨의 이러한 강경 정책과 반대파 탄압은 국내외적으로 많은 비판을 받았고, 정권의 정당성을 훼손시켰다.

경제적 어려움이 정치적 정당성의 문제를 가중시켰다. 암시장이 전체 경제에서 차지하는 비율이 35-40%에 달해, 부패와 정치의 밀접한 관계를 보여주었다. 새 정부는 해외 투자가들의 신뢰를 얻기 위해 서방 국가에서 근무한 외교관들을 대거 내각에 등용했다. 국무

총리에 임명된 사르키샨(Armen Sarkisyan)은 영국대사 출신이었고, 외무장관 아르주마니안(Alexadner Arzumanyan)은 미국 대사와 UN 대사를 역임했다. 외교정책 분야에서는 카라바흐 사태가 테르페트로샨의 정부의 가장 큰 과제가 되었고, 정부의 정치적 정당성과 경제적 성과에도 많은 영향을 미쳤다. 카라바흐 사태로 아제르바이잔과 터키는 카라바흐와 아르메니아를 봉쇄하였고, 이 조치는 아르메니아를 거의 질식시켰다. 몇 년 동안 카라바흐 지역은 식량 공급과 연료, 상수도, 전기, 보건 시설, 통신 시설이 없었다. 카라바흐의 무력 분쟁으로 인해 테르페트로샨 정부는 예산의 10-15%를 국방비로 지출해야 했다.[22]

카라바흐 무력 충돌 초기 양측 모두 신속한 군사적 승리를 자신하고, 협상을 통한 사태 해결에 관심을 기울이지 않았다. 아르메니아군은 1992년 3월 코얄리(Kojali) 지역에서 승리하고, 5월에는 전략적 요충인 슈쉬(Shushi)를 점령하여 아르메니아 본토와 연결되는 라친(Lachin) 회랑을 확보했다. 아르메니아의 군사적 승리로 인하여 아제르바이잔의 뮈탈리보프(Ayaz Mutalibov) 대통령이 실각했다. 1994년 초 양측은 교전에 지치고 인명 손실이 커지면서, 협상을 시작하기로 동의했다. 러시아의 중재로 시작된 협상은 완전한 합의안은 도출하지 못하였지만 1994년 5월 12일 일단 휴전에는 합의하여 비슈케크의정서(Bishkek Protocol)가 서명되었다. 휴전 당시 아르메니아-카라바흐군

---

21. 같은 책, 202.

22. 같은 책, 205-206.

테르페트로샨

코차랸

은 아제르바이잔 영토의 15%를 장악하고 있었다. 카라바흐 전쟁으로 약 2만 명이 전사하였고, 수십만 명의 아르메니아인과 아제르바이잔인이 난민이 되었다. 러시아는 약 2년간의 심사숙고 끝에 전략적 이유로 아르메니아 편에 섰다. 이는 바쿠 유전에 이해관계를 가지고 있는 서방의 다국적 기업들이 아제르바이잔 편을 드는 것에 대한 대항 조치였다.[23]

카라바흐 출신 강경파인 국무총리 코차랸(Robert Kocharian), 국방장관 사르키샨(Vazgen Sargsyan), 내무장관 사르키샨(Serge Sargsyan)이 테르페트로샨의 유화정책에 대한 반대파를 이끌었다. 테르페트로샨의 정책은 아르메니아가 처한 국내·국제정치적 상황을 반영한 현실주의적 정책이었으나, 70년의 아제르바이잔 지배 후 카라바흐가 독립을 위해 흘린 피는 이러한 유화적 타협 정책을 정치적으로 수용할 수 없게 했다. 결국 테르페트로샨은 코차랸과 각료들의 압박에 굴복해 1998년 2월 사임했다.

사르키샨

코차랸은 1998년 3월 30일 치러진 대통령 선거에서 공산당 당수인 데미르찬(Karen Demirchyan)을 물리치고 대통령에 당선되었다. 그러나 코차랸은 대통령 후보 자격으로 헌법에 규정된 10년 국내 거주 요건을 채우지 못한 상태로 출마하여 논란이 일었다. 대통령으로서 그는 아르메니아가 당면한 여러 문제를 해결해야 했는데, 가장 중요한 것은 경제 위기 탈출이었고, 이민사회와의 관계 설정, 터키와 아제르바이잔에 의한 봉쇄를 해제시키는 것도 중요한 과제였다. 그는 아르메니아에 필요한 해외 경제 원조와 투자를 확대시키기 위해 이민사회의 지원에 의존했다.[24]

독립 후 10년 가까이 지나도록 시장경제와 정치 자유화, 민주화는 기대했던 결과를 가져오지 못했다. 코차랸 정부도 실업과 만연된 부

23. 같은 책, 211.

24. 같은 책, 213.

패의 이중적 적폐를 해결하지 못하였다. 정치 체제는 어느 정도 국민들의 신뢰를 얻는 데 성공하였으나, 정부와 공공기관의 모든 단계에 뿌리 깊게 만연된 부패로 인해 경제는 성장의 기틀을 마련하지 못하고 있었다. 2003년 대통령 선거에서 코차랸은 약 67%의 득표율로 재선에 성공하였다. 2008년 2월 실시된 대통령 선거에 코차랸은 연임 제한으로 출마하지 못하고, 코차랸과 같이 나히체반 출신인 사르키샨(Serge Sargsian)이 공화당 후보로 출마하여 52.8% 득표로 대통령에 당선되었고, 다시 대통령에 도전한 테르페트로샨은 21.5%를 얻는데 그쳤다. 샤르키샨은 2013년 재선에 성공하였고, 2018년 4월 치러진 대통령 선거에서는 아르멘 사르키샨(Armen Sarkissian)이 대통령에 당선되었다.

7장 • 아르메니아의 문화

7.1 아르메니아 문자와 언어

아르메니아어는 인도유럽어족에 들어가지만 독자적 어군을 형성하는 언어이다. 전 세계에 약 6백만 명의 아르메니아어 사용자가 있고, 주로 사용되는 곳은 아르메니아와 나고르노카라바흐(Nagorno-Karabakh)에서 주로 사용되고, 러시아, 조지아, 레바논, 이란, 시리아, 터키, 이집트, 미국 등지의 아르메니아 이민 사회에서도 사용된다. 아르메니아어는 아르메니아의 공식 언어이며 키프로스, 폴란드, 루마니아에서 소수민족 언어의 지위를 인정받고 있다.

아르메니아어는 그리스어군(Phrygian)과 인도-이란어군(Indo-Iranian)과 관련이 있다고 여겨져 왔다. 인도유럽어족에 속하는 언어를 크게 둘로 나누는 '사템(satem) 그룹', '켄툼(kentum) 그룹'[1] 중 한 곳에 분

1. 사텀(satem), 켄툼(kentum) 그룹 - 인도유럽어족에 속하는 언어들은 켄툼과 사텀 그룹으로 나눌 수 있다. 그 기준은 원인도유럽어의 후설은 /k/와 /g/가 어떻게 소리 나는가

명히 속하기 보다는 중간적 성격을 보이지만, 사텀 그룹에 좀 더 가깝다고 볼 수 있다. 이런 면에서도 켄툼 그룹에 속하는 원그리스어(Proto-Greek)와 사텀 그룹에 속하는 원인도-이란어(Proto Indo-Iranian)의 중간에 있다고 볼 수 있다. 어휘적으로는 중앙 이란어(Middle Iranian) 중 특히 파르티아어(Parthian)의 영향을 많이 받았고, 그리스어, 페르시아어, 시리아어에서도 영향을 받았다. 오스틴(W.M.Austin) 같은 학자는 아르메니아어와 아나톨리아 지방의 언어 간에 밀접한 접촉이 있었다고 주장했고, 러시아의 디아코노프(Igor M. Diakonov)는 카르트벨리어(조지아어)와 북동 코카서스의 언어들 간의 상호 차용에 의한 "코카서스 기저층(Caucasian substratum)"이 존재한다고 주장했다.

이미 기원전 6세기의 베히스툰 비문(Behistun Inscription)과 기원전 4세기의 크세노폰(Xenophon)의 기록에 언급되기 시작한 아르메니아인들은 기원전 2세기에 아르메니아는 단일 언어 민족이 된 것으로 여겨진다. 5세기 아르메니아 문자의 창안은 아르메니아어 역사의 가장 중요한 사건이다. 4세기 말 아르메니아 왕 브람샤푸흐(Vramshapuh)는 궁정 귀족이며 뛰어난 학자인 메스로프 마슈토츠(Mesrop Mashtots)에게 아르메니아 문자를 창안할 것을 지시했다. 4세기 국교로 인정된 기독교로 인해 성서 번역 등 문자 사용의 수요는 크게 늘어났지만 당시 사용되던 설형문자는 이에 적합하지 않았다. 마슈토츠는 당시 헬레니즘 학문의 중심지의 하나였던 알렉산드리아로 가서 여러 문자들을 연구하며 문자 창안에 몰두했다. 그는 음운과 철자 사이의 일대일 조응이 되는 그리스 문자가 가장 우수한 문자라고 결론내리고, 같은 원칙에 바탕을 둔 새로운 문자를 고안했다. 마슈토츠는 405년

36자로 된 새로운 문자를 가지고 아르메니아로 돌아왔다. 그가 창안한 문자는 바로 공식 문자로 채용되어 폭넓게 성서 번역 등에 사용되었고, 문학, 역사 분야 저술의 발전에도 크게 기여했다.

5세기부터 19세기까지의 아르메니아 문어는 현재 사용되는 언어와 구별되어 "고전 아르메니아어(Classical Armenian, Grabar)"라고 불린다. 이 시기 중 12세기부터 19세기까지는 "중세 아르메니아어(Middle Armenian)" 시기로 불리기도 한다. "중세 아르메니아어" 시기 이전은 "고대 아르메니아어(Old Armenian)"로 불린다. 5세기의 언어는 "고전(Classical)", 5-8세기의 언어는 "후고전(Post-Classical)", 8-11세기는 "후기 그라바르(Late Grabar)" 시기로 분류된다. 10세기 후반에 쓰인 그레고리 나렉(Gregory of Narek)의 《기도의 책(The Book of prayer), 애통의 책(The book of lamentations)으로 불리기도 함)》은 아르메니아어의 문학적 수준을 높이고, 천 개 이상의 새로운 어휘를 부가하여 어휘를 확장한 기념비적인 작품으로 평가된다. 호브한네스 사르가박(Hovhannes Sargavak, 1047-1129년)이 쓴 《지혜의 말(A Word of Wistom)》은 자연, 사랑, 여성의 미 등을 주제로 포함하여 종교적 주제에 한정되어 있던 주제를 크게 확장하였다. 그 후 여러 학자와 작가들은 종교적 색채를 줄이고, 사회적 변

에 달렸다. 사텀 그룹에 속하는 언어들은 /s/나 /š/로 소리나고, 켄툼 그룹에 속하는 언어들은 /k/나 /h/로 소리가 난다. 대표적인 어휘가 '백(100)'인데 켄툼 그룹에 속하는 영어는 hundred이고, 사텀 그룹에 속하는 러시아의경우에는 /sto/(сто)가 된다. 헬레닉(Hellenic), 켈틱(Celtic), 로망스(Romance), 독일어군(Germanic) 같은 하위어군이 켄툼(kentum) 그룹에 속하고, 인도-이란어군(Indo-Iranian)이나 슬라브어군(Slavic)은 사텀 그룹에 속한다.

화를 반영한 언어 변화에 앞장서서, 문체와 구문에서의 변화는 일어났으나 문법이나 형태에서의 근본적 변화는 일어나지 않았고, 특히 구어 요소의 반영은 19세기까지 기다려야 했다.

19세기 초 아르메니아인들이 거주하는 지역은 이란과의 전쟁에서 승리한 러시아 제국이 지배하는 동부 아르메니아(Eastern Armenia), 역사적 아르메니아 지역의 2/3가 포함된 오스만 제국이 지배하는 서부 아르메니아(Western Armenia)로 나뉘었다. 두 지역은 각각의 방언을 발전시켜 양 지역의 방언은 아르메니아어의 양대 지역 방언이 되었다. 콘스탄티노플이 서부 아르메니아어 사용 중심 지역이 되었고, 동부 아르메니아어는 조지아의 트빌리시를 중심으로 발달하였다. 현재 아르메니아 표준어는 동부 아르메니아어를 기반으로 하고 있다. 19세기 아르메니아어는 구어(Ashkharhabar)를 적극 수용하며 이전과 다른 획기적 변화를 겪었고, 이 새로운 언어형이 현대 아르메니아어(Modern Armenian)가 되었다. 당시 대중 계몽의 선두 역할을 한 신문과 학교교육이 현대 아르메니아어를 급속히 확산시키는데 큰 역할을 하였다.

현대 아르메니아어의 문법적 특성을 설명하면, 기본 모음은 여섯 개이며 강세는 마지막 음절에 떨어진다. 명사는 주격(nominative), 대격(accusative), 처소격(locative), 생격(genetive), 여격(dative), 탈격(奪格, ablative), 도구격(instumental)의 곡용(曲用, declesion)을 한다. 동사는 인칭에 따라 활용(活用)(conjugation)을 하는데, 동부 아르메니아어는 2개의 기본 활용형이 있는데 반해, 서부 아르메니아어는 3개의 활용형이 있다. 시제는 고전 아르메니아어의 동사 자체 시제 변화에 조동사 변화를 통해 표현하며, 동사 부정(否定)형도 활용을 하는 것이 특징이다.

[표] 아르메니아 문자

Աա	Բբ	Գգ	Դդ	Եե	Զզ	Էէ	Ըը	Թթ	Ժժ
այբ	բեն	գիմ	դա	եչ	զա	է	ըթ	թո	ժե
ayp	pen	kim	ta	yeč	za	ēh	ět	t'oh	zhe
a	p	k	t	e	z	ē	ë	t'	ž
[ɑ]	[pʰ]	[kʰ]	[tʰ]	[ɛ/jɛ]	[z]	[ɛ]	[ə]	[t']	[ʒ]
1	2	3	4	5	6	7	8	9	10

Իի	Լլ	Խխ	Ծծ	Կկ	Հհ	Ձձ	Ղղ	Ճճ	Մմ
ինի	լյուն	խե	ծա	կեն	հո	ձա	ղատ	ճե	մեն
ini	liwn	xe	ça	ken	ho	ja	ġat	č̣e	men
i	l	x	ç	k	h	j	ġ	č̣	m
[i]	[l]	[x]	[dz]	[g]	[h]	[ts]	[ʁ]	[ʤ]	[m]
20	30	40	50	60	70	80	90	100	200

Յյ	Նն	Շշ	Ոո	Չչ	Պպ	Ջջ	Ռռ	Սս	Վվ
հի	նու	շա	ո	չա	պե	ջե	ռա	սե	վեվ
hi	now	ša	vo	ča	be	ǰe	ṙa	se	vev
y	n	š	o	č	b	ǰ	ṙ	s	v
[h/j]	[n]	[ʃ]	[o/vo]	[ʧʰ]	[b]	[ʧʰ]	[ɾ]	[s]	[v]
300	400	500	600	700	800	900	1000	2000	3000

Տտ	Րր	Ցց	Ււ	Փփ	Քք	և	Օօ	Ֆֆ
տյուն	րե	ցո	հիւն	փյուր	քե	և	օ	ֆե
tyown	re	c'o	hiwn	p'yowr	k'	jew	ò	fe
t	r	c'	w	p'	k'	ew	ò	f
[d]	[ɾ]	[tsʰ]	[v]	[pʰ]	[kʰ]	[ev/jev]	[o]	[f]
4000	5000	6000	7000	8000	9000	-	10000	20000

* 표시된 문자는 12세기 문자 개혁 때 추가된 문자

7.2 아르메니아 문학사

고대 시대

아르메니아 문학의 역사는 마슈토츠가 아르메니아 문자를 창제한 5세기 초부터 본격적으로 시작된다. 기독교 시대 이전에도 원시 신앙에 바탕을 둔 문학 전통이 있던 것은 분명하지만, 이교 신앙의 흔적을 철저히 지우려는 아르메니아 교회에 대부분 그 흔적이 사라졌다. 마슈토츠가 아르메니아 문자를 만든 목적도 성서와 기독교 관련 문헌을 아르메니아로 번역하기 위함이었기 때문에 초기 아르메니아 문학에서 번역이 차지하는 비중은 컸다. 아르메니아 교회 총주교 이삭은 콘스탄티노플, 에데사(Edessa), 아테네, 알렉산드리아, 안티오크, 카이사레아(Caesarea) 등에 번역가들을 파견해 주로 시리아어 그리스어로 된 기독교 문헌들을 아르메니아어로 번역하도록 했다. 최초의 신약성서는 시리아어로부터 번역되었고, 유세비우스의 역사본(version of Eusebius' History)과 그가 쓴 콘스탄틴 생애전 등이 번역되었다. 이 시기에 번역과 함께 고유의 문학 작품들도 탄생했다. 콜브의 에즈닉(Eznik of Kolb)은 《분파주의에 대한 논박(Refutaions of the Sects)》을 썼고, 코리윤(Koryun)은 《성 마슈토츠의 생애와 아르메니아 문학의 시작(History of the Life of St. Mesrop and of the Beginnings of Armenian Literature)》을 저작했다. 두 사람 모두 마슈토츠의 제자였다. 이들의 저작으로 소위 아르메니아 황금 시대(the Golden Age of Armenian literature)는 막을 내린다.

중세 시대

아르메니아는 주변 강대국에 차례로 지배를 받았는데, 아랍의 지배와 함께 중세 문학 시대가 시작되었다. 이민족의 압제에 시달리던 주민들은 자신들을 구원해 줄 영웅의 출현을 고대했는데, 이 열망은 "사순의 다비트(David of Sasun, Sasuntsi Davit)"를 탄생시켰다. 이 서사시는 천 년 이상 세대를 거쳐 가며 구비문학 형태로 전해져오다가 1873년 대주교 카레킨 세르반츠댠츠(Karekin Servantzdiants)에 의해 문자로 기록되었다. 그는 무쉬(Moush) 출신이 그르보(Grbo)라는 농부 이야기꾼이 말해주는 이야기를 기록했다. 19세기 후반부터 여러 다른 버전의 이야기와 단편들을 모아 하나의 통일된 이야기를 만들어냈다. 시인들도 운문으로 이야기를 옮겼는데, 가장 유명한 것은 1902년 저명한 시인 호반네스 투마냔(Hovannes Toumanian)이 지은 시이다. 이것은 4부작 중 핵심 부분인 다비트 이야기만을 운문으로 옮겼다.

네 부분의 이야기는 각각 주인공의 이름이 작품명이 되었다. "사나사르와 발다자르(Sanasar & Balthazar, Sanasar yev Gaghdasar)", "사자 무헤르(Lion Mher, Aryudz Mher)", "사순의 다비트(David of Sassoun, Sassountsi Davit)", "젊은(어린) 므헤르(Mher the Younger, Pokr Mher)"가 각 부의 명칭이다. 주인공들은 4대에 이르는 가계의 계승자이다. "젊은 무헤르"를 기준으로 따지면 사나사르는 고조할아버지가 된다. 사나사르의 어머니 조비나르(Dzovinar)는 백성들을 구하기 위해 90살 먹은 바그다드의 왕에게 시집을 간다. 그녀가 낳은 두 아들이 사나사르와 발다자르이다. 사나사르는 아르메니아의 요새 도시 사순(Sassoun)[2]으로 이주해 와서 세 아들을 낳는다. 맏아들인 무헤르는 "사순의 위대한 무헤르(the

그레고리 나렉 초상화

성 네르시스 초상화

Great Mher of Sassoun)"라고 불린다. 므헤르의 적자는 사순의 다비트인데 용맹한 군주이다 성군인 다비트는 므헤르가 이집트 여왕과의 사이에서 낳은 미스라 멜리크(Misra Melik, "이집트의 군주"라는 뜻)와 치열한 싸움을 벌인다. 미스라 멜리크는 다비트의 정반대의 인물로 반역자이자 압제라로 불렸다. 결국 이 싸움에서 다비트가 승리하여 멜리크를 제압한다. "젊은 무헤르"는 자식을 낳지 못하는 저주를 받았지만, 그의 초인적 능력은 세상이 감당할 수 없을 정도여서 그는 산속 동굴에 갇혀 있다가 세상의 종말이 온 후 동굴에서 나와 새로운 세상을 만들게 운명지워졌다.

아르메니아 문학의 중세시기로 불리는 6-12세기는 기독교 관련 서적과 역사서 이외에 중요한 작품이 나오지 않다가, 11세기에 들어서서 그레고리 나렉의 시로 꽃을 피운다. 8세기 "철학자"라는 이름이 붙은 요한 오즈네치(John Otznetzi)는 《바울주의자에 대항한 변증(Discourse against the Paulicans)》, 《공의회 변증(종교회의 Synodal Discourse)》을 썼고, 교회평의회와 그 당시까지의 교부들의 규범을 모아 정리했다. 10세기 "역사학자 요한 5세"는 《아르메니아의 역사》를 저술하였다. 역사 초기부터 925년까지의 역사를 정리한 이 저술은 당시까지 쓰인 역사 관련 책 중 최고의 책으로 꼽힌다. 고대 시인 그레고리 나렉의 아버지인 초스로프(Chosrov)는 용기에 대한 저술과 예배 기도서를 썼다. "최초의 위대한 아르메니아 시인(the first Armenian great poet)"이라 할 수 있는 그레고리 나렉(Gregory of Narek)은 기원전 5세기 그리스 서정시인 핀다르(Pindar)의 이름을 따서 '아르메니아의 핀다르'라고 불리기도 한다. 그는 비가, 송가, 찬양(panegyrics), 훈계(homilies) 등 다수의 작품을 남겼다. 성 그레고리는 수도사이자 시인, 신비철학자, 신학자, 작곡가이며, 아르메니아 교회와 로마 가톨릭 교회 모두에서 성인으로 시성되었다. 그러나 그의 가장 유명한 작품은 《기도의 책(The Book of Prayer)》 또는 《애통의 책(The Book of Lamentations)》이다. 저자는 이 책을 스스로 "모든 민족들의 기도의 백과사전(encyclopedia of prayers for all nations)"이라고 불렀다. "마음 깊은 곳으로부터 신과 이야기 한다"'며 쓴 이 시는 아르메니아 시학의 금자탑이자 기독교 신비주의의 보석 같은 작품으로 여겨진다. 977년부터 1003년까지 쓰인 《기도의 책》은 95부로 구성된 장시로 천 년 이상 아르메니아인들의 사랑을 받았고, 세계 여러 언어로 번역되었다.[3] 이 시는 다음과 같이 시작된다.

2. 사순(Sassoun) - 현재 터키의 바트만(Batman) 지방.

3. 허승철, 《코카서스 3국 문학 산책》, 201.

우리 눈을 기쁨으로 채우는 태양은
항시 밝게 빛나는 둥근 원판.
언제나 빛을 발하며
어둠을 물리치고 날을 세면서
창조의 여명을 가져오고,
이 덧없이 흘러가는 세상의
영원한 생명과 죽음의 순환을 따라
한 해, 한 해를 묶어 세기를 만듭니다.

(중략)

교회의 적들이 제어가 된
평온한 시대에
나는 이 책을 쓰기 시작했습니다.
나는 자료를 모으고, 편집하고, 필기를 하고,
다시 원고를 모으고 정리한 후 쓰기 시작하여
모든 것을 이 큰 책 한 권으로 모았습니다.
이 경건한 책을 만들기 위해 여러 출처에서 나온
다른 글들을 하나의 문체로 통일했습니다.[4]

12세기부터는 아르메니아 문학의 근세 시기가 열린다. 12세기 가장 중요한 시인은 성 네르시스이다. 1166년부터 1173년까지 아르메니아 교회 총주교를 지낸 그는 〈정복당한 에데사의 비가(에데사 정복의 비가, Elegy on the Take of Edessa)〉, 〈아침 노래〉 같은 서정시도 썼지만, 〈전원의 편지(Pastoral Letter)〉, 〈공의회 논증(Synodal Discourse)〉, 〈서한집(Letters)〉 같은 뛰어난 산문도 남겼다. 그의 시 〈아침 노래〉는 다음과 같이 시작된다.

> 오, 봄날이여, 정의의 태양이 나에게 정면으로 비추이는구나!
> 보석 같은 자비의 님이여, 나의 영혼이
> 당신의 숨은 보화를 볼 수 있게 하소서!
> 사람들의 모든 생각은 당신의 눈에 드러나고
> 어둡고 침침한 나의 영혼에 광명으로 빛나는 생각을 주시옵소서!
> 성부, 성자, 성령이여! 전능하신 삼위일체시여,
> 모든 피조물을 돌보시는 이시여, 저에게 자비를 베푸소서!
> 오 주여, 깨어 일어나시어 자비와 성스러운 힘으로 우리를 도우소서,
> 빛나는 하늘의 태양처럼 지금 잠자고 있는 사람들을 깨우소서![5]

13세기에 들어와 뛰어난 시인이자 성서 주석가(exegete)이고 신학자인 "위대한 바르탕(Vartan the Great)"은 〈보편 역사(Universal History)〉를 썼다. 14세기에 다테프의 그레고리(Gregory of Datev, Tatev)는 가톨릭에 대한 격렬한 비판인《질문의 책(Guestion Book)》을 썼다.

16세기 아르메니아가 페르시아에 정복되면서 문학을 비롯한 민족문화의 발전도 큰 장애를 만나게 되었다. 그러나 이때부터 아르메

---

4. 같은 책, 200.

5. 같은 책, 202.

니아인들이 유럽 여러 지역으로 흩어져 이주하면서 아르메니아 문학의 해외 전파와 활발한 출판 사업이 진행되었다. 16세기에 베니스와 로마에 아르메니아 인쇄소가 설립되었고, 17세기에는 렘베르그(Lemberg 현재 우크라이나의 르비프Lviv. 렘베르그는 독일식 명칭임), 밀라노, 파리 등지에도 인쇄소가 생겼다. 이 인쇄소들에서는 아르메니아 고전들이 발굴되어 인쇄되고 새로운 작품들도 출간되었다. 베니스의 아르메니아 교회 수도사들(Mechitarists)[6]이 세운 인쇄소의 활동이 뛰어났다. 고전 작품의 출간뿐만 아니라 발기(Balgy), 카테르잔(Catergian) 같은 아르메니아를 주제로 글을 쓰는 당대의 작가들의 작품도 출간했다. 러시아, 콘스탄티노플, 에츠미아진(Etchmiadzin)[7] 같은 지역도 아르메니아 출판 문화 발전에 큰 기여를 하였다. 특히 에츠미아진의 인쇄소는 독일식 기술과 전통을 받아들여 뛰어난 인쇄술을 자랑했다. 이 출판사들에서 발간된 책들은 아르메니아의 자랑스러운 역사와 전통, 조국의 아름다움 등을 노래했고, 연대기를 비롯한 역사기록도 출간되었다.

아르메니아가 페르시아와 오스만 제국에 의해 분할 지배되던 당시 "유랑시인(troubadour, 아르메니아어로는 아쉬프աշուղ, ɑˈʃuʁ)" 문학 전통이 수립되었다. 이들은 마을에서 마을로 돌아다니며 민중어로 사랑과 서정적 주제를 노래했고, 조지아의 왕들, 이슬람 칸들, 아르메니아 세습귀족(대귀족, Melik)[8]들의 궁정에서 시재(詩才)를 뽐내며 서로 경쟁했다. 이 시인들은 교회와 학교 이외에는 잘 쓰이지 않는 고전 아르메니아에서 벗어나 구어에 바탕을 둔 언어를 사용했으며, 페르시아와 터키의 영향을 많이 받았다. "유랑시인"들 중 가장 뛰어난 작품을 남긴 것은 사야트노바(Sayat-Nova, 1712-95년)이다. 1712년 당시 카르틀리 왕국에 속

사야트 노바 기념 우표

한 티플리스에서 태어난 사야트노바는 카만체흐(kamancheh), 촌구리(Chonguri), 탐부르(Tambur) 같은 조지아 민속 악기를 능숙히 다루는 뛰어난 음유시인으로서 당시 카르틀리의 왕 헤라클리우스 2세(Heraclius II)의 궁정 악사였다. 여기에 소개된 〈사랑의 노래〉는 당시의 고전주의적 종교 사회의 틀을 뛰어넘는 파격적인 낭만주의 작품이다. 그는 1759년 갑자기 궁정에서 쫓겨났는데, 왕의 여동생인 안나를 사랑한 것이 추방의 이유로 추정된다. 〈사랑의 노래〉에 나오는 주인공도 안나로 여겨진다. 그는 마르마르(Marmar)라는 여인과 결혼을 했는데, 1768년 아내가 죽자 하그파트 수도원(Haghpat Monastery)으로 들어가 수도사가 되었다.[9] 그는 천 편 이상의 시를 쓴 것으로 알려졌으나, 현재는 약 220편의 시가 전해진다. 그의 대표작의 하나인 〈사랑의 노래〉는 다음과 같이 시작된다.

---

6. 메키타리스트(Mechitarists)는 1717년 수도원장 메키타르(Mekhitar)가 결성한 아르메니아 베네딕트 수사 공동체이다. 이들은 그리스 성경과 기독교 서적을 아르메니아어로 번역하고 출간하는 일에 집중함.
7. 에츠미아진(Etchmiadzin)은 아르메니아어로 바가르샤파트(Vagharshapat)(Armenian: Վաղարշապատ)로 수도 예레반 서쪽 18km에 위치해 있다. 4세기에 세워진 유서 깊은 도시이다. 301-03년 건설된 것으로 추정되는 에츠마진의 성당은 아르메니아 제자교회의 본산이다.
8. 멜리크(Melik)는 예레반, 카르스, 나치체판, 세반 로리 지역 등을 지배하던 세습 귀족을 일컫는 명칭이다.
9. 허승철, 207.

당신이 나의 영혼인 한 나는 한숨을 쉬지 않을 겁니다.
아름다운 여인이여, 내게 당신은 불멸의 물로 채워진 황금잔과 같
[습니다.
당신의 그늘이 내 위에 덮이도록 나는 자리에 앉겠습니다. 사랑하
[는 이여.
당신은 뜨거운 햇볕에서 나를 지켜줄 황금수로 장식된 장막입니다.
먼저 나의 실수에 대해 듣고, 그 다음 당신이 원하면 허물 많은 나를
[죽여주세요.
모든 힘을 가진 당신은 나에게는 술탄이나 칸이나 마찬가지입니다.

진실을 말한다면 당신의 허리는 백양목처럼 가늘고, 당신의 혀는
[설탕처럼 달콤합니다.
당신의 입술은 달콤한 사탕이며, 당신의 살결은 프랑크의 비단처럼
[부드럽습니다.
당신의 이는 진주와 다이아몬드와 같고, 감미로운 소리가 드나드는
[문입니다.
당신의 눈동자는 보석으로 장식된 황금 법랑의 잔입니다.
당신은 값을 매길 수 없는 진귀한 보석이고, 바라보기에 가장 경이
[로운 존재입니다.
사랑하는 이여, 당신은 내게 루비가 가득한 베타크쉬(Bedakhsh) 산입
[니다.[10]

근대와 현대

하차투르 아보뱐

19세기에 들어서며 아르메니아 문학의 "부흥의 시대(Zartonk)"를 맞는다. 유럽의 낭만주의 문학사조와 민족부흥운동에 영향을 받았다. "부흥의 시대"의 막을 연 것은 아르메니아 현대문학의 아버지로 불리는 하차투르 아보뱐(Khachatur Abovian, 1804-48년)이며, 그의 대표작은 소설《아르메니아의 상처(Wounds of Armenia)》이다. 그는 고전 아르메니아어를 완전히 버리고, 예레반 방언에 기초한 동부 아르메니아어를 사용하여 작품을 썼다. 1841년 쓰인 이 작품은 1858년 최초로 출간되었다. 이 작품은 페르시아에게 정복당한 시기에 아르메니아인들이 겪은 고통을 다루는 역사 소설이다. 작품 속에는 민족적 강점, 애국심, 압제자에 대한 증오가 표현된다. 주인공이 말하는 "너의 목숨은 포기하라, 그러나 너의 조국은 포기하지 마라."가 작가가 말하고자 하는 핵심 사상일 것이다. 아보뱐은《와인 통(the wind jug)》같이 풍자가 뛰어난 작품을 썼다. 현재의 에스토니아 타르투의 도르파트 대학교(University of Dopat)에서 6년간 수학하며 유럽 문학과 철학의 깊은 지식을 습득했고, 독일어, 프랑스어, 러시아어, 라틴어에도 능통했다. 그는 호머, 괴테, 실러, 카람진, 크릴로프 등의 작품을 아르

10. 같은 책, 205.

메니아어로 번역하기도 했다. 21세에 생을 마감한 재능 있는 시인 베드로스 토우랸(Bedros Tourian, 1851-72년)도 아르메니아의 독립을 염원하는 애국적인 작품을 남겼다. 그의 대표적인 시 〈아르메니아를 위한 기원〉은 다음과 같이 끝난다.

> 부자와 성직자조차도
> 애국자의 열정을 느낄 때,
> 아르메니아의 가슴들이 오랫동안
> 사랑과 열정에 동요될 때,
> 아르메니아가 자유로운 영혼을 가진 아들들을 잉태할 때,
> 차가운 과거의 날들은 지나가고
> 사랑과 형제애의 불길이
> 마침내 타오를 것이다.
> 그러면 그때 나는 너를 잊을 수 있겠는가, 나의 수금이여?
> 오, 아니다! 그러나 내가 죽을 때
> 차라리 나는 너의 목소리가 되어
> 아르메니아를 위해 탄식하리라![11]

미카엘 날반단(Mikael Nalbandian, 1829-66년)도 "자유"라는 시에서 영혼의 자유를 타고 난 사람은 침묵하고 있을 수 없고, 속박으로 몸이 묶인 상태에서도 "자유"를 외칠 수밖에 없다는 것을 표현했다. 아르메니아 국가인 메르 하이레니크(Mer Hayrenik)는 1859년 그가 쓴 〈이탈리아 소녀의 노래(Song of the Italian Girl)〉를 번안하여 곡을 붙인 것이다.[12]

베드로스 토우랸

미카엘 날반댠

라피

라피(Raffi, 원명 하코프 멜릭-하코Hakop Melik-Hakopian)는 대표작인 〈불꽃(Sparks)〉과 〈잘랄레딘과 바보(Jalaleddin and the Fool)〉에서 외국의 압제 밑에서 조국의 해방을 위해 투쟁하는 아르메니아인들을 묘사했다.

"부흥 시대"는 1885-90년에 끝나고 아르메니아 문학은 새로운 세기를 맞을 준비를 한다. 19세기 말 아르메니아 문화 운동에 큰 역할을 한 것은 신문들이다. 1884년 창간된 신문《동방(Arevelk)》에는 아르피아랸(Arpiar Arpiarian), 파샬랸(Levon Pashalian) 같은 작가들이 글을 실었고, 후에 창간된《조국(Fatherland)》은 대중적 작품과 문학 비평문 등을 실었다. 19세기 말에는 낭만주의적, 서정적 경향이 약화되는 대신 사실주의적 경향이 강해졌다.

20세기에 들어와서 바한 테랸, 예기쉐 차렌츠, 파루이르 세바크,

---

11. 같은 책, 211.

12. 같은 책, 214.

실바 가부디캰, 홉한네스 투마냔 같은 뛰어난 시인이 아르메니아 시의 전통을 이어갔다. 바한 테랸(Vahan Terian, 1885-1920년)은 러시아 상징주의에 강한 영향을 받아 비, 안개, 황량한 들판, 그늘과, 슬픔, 절망, 평화의 상징들을 시에 자주 등장시켰다. 특히 가을과 사랑을 소재로 한 시를 많이 써서 "가을을 노래하는 시인(Singer of Autumn)"이라는 별명을 얻었다. 그는 1908년 첫 시집인 《여명의 꿈(Dreams at Dusk)》을 출간하여 바로 문학적 명성을 얻었다. 그는 이후 〈밤의 회상(Night Remembrance)〉, 〈황금 전설(The Golden Legend)〉, 〈귀향(The Return)〉, 〈황금 고리(The Golden Link)〉, 〈나이리 땅에서(In the Land of Nairi)〉를 썼다. 그의 시 〈아라라트〉의 시작 부분을 소개하면 아래와 같다.

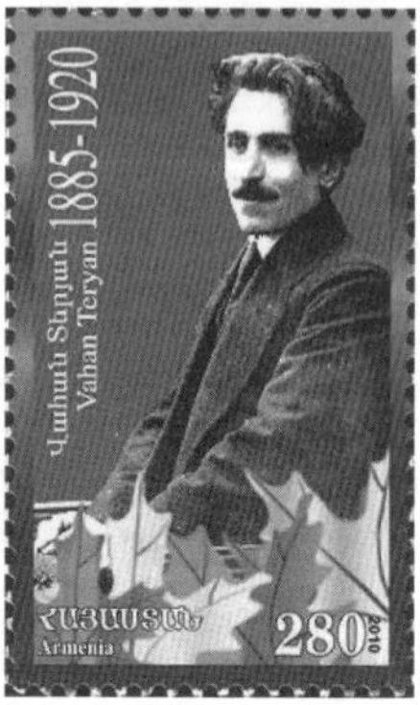

바한 테랸 기념 우표

땅을 향하면서도 하늘로 치솟아 오르고,
창공을 떠다니며 푸른 안개를 가르는
너는 빛을 날개로 삼은 천사이다.
너는 사물이 아니라 비상(飛上)이고,
아르메니아 세계의 영혼이다.
네가 우리의 짓밟힌 땅과 가슴을
지키고 경비를 설 때,
희게 작열하는 불길이
격노한 것처럼 너의 앞이마에서 타오른다.[13]

아라라트 산

아라라트 산이 들어간
아르메니아 국가 문양

예기쉐 차렌츠

아르메니아의 "20세기의 대표 시인"으로 인정받는 예기쉐 차렌츠(Yeghishe Charents, 1897-1937년)는 유복한 유년시절을 보냈으나, 1차 세계대전, 볼셰비키 혁명, 아르메니아와 아르메니아인들의 고난을 직접 체험한 후 급진적 혁명운동가가 되었고, 자신의 경험을 바탕으로 다양한 주제의 시와 산문을 썼다. 1920-21년 조국에 대한 송가인 〈나는 태양빛에 익은 아르메니아의 달콤한 과일 맛을 사랑한다(I love the sun-sweet taste of the fruits of Armenia)〉를 썼다. 1921년 모스크바의 문화예술대학에서 수학하는 동안 〈모든 이의

13. 같은 책, 217.

파루이르 세바크

시(Amena poem Everyone's poem)〉와 자전적 시 〈카렌츠의 이름을 위하여(Charents-name)〉를 썼다. 이 시기에 쓴 그의 소설 《나이리 땅(Land of Nairi Yerkir Nairi)》은 큰 반향을 일으켜 러시아에서 그의 생애 동안 여러 번 출간되었다.[14] 파루이르 세바크(Paruyr Sevak)(1924-1971년)는 아르메니아인들의 큰 사랑을 받은 시인이다. 원명은 파루이르 가자랸(Paruyr Ghazaryan)이었으나, 서부 아르메니아 시인 루벤 세바크(Ruben Sevak)의 영향을 받아 파루이르 세바크라는 필명으로 시를 썼다. 파루이르 세바크는 20세기의 가장 중요한 시인 중 하나로 평가된다. 주로 "사랑"을 주제로 시를 쓴 그는 영혼의 깊이와 철학적 사고를 담아 한 사람이 얼마나 깊이 사랑하고 고통 받을 수 있는지를 표현했다. 그가 쓴 "사랑"이라는 제목의 시의 앞부분과 중간 부분을 소개하면 다음과 같다.

> 비가 올 때나 얼음이 녹을 때 떨어지는 물방울처럼,
> 예측할 수 없이 지도에 나오지 않는 길로 늘 오는 것,
> 그것이 사랑이다.
>
> (중략)
>
> 당신 혈관의 고동소리가 처마에서 떨어지는 물소리처럼,
> 바위를 파고 길을 뚫는 것처럼 크게 울리고,

밤마다 불면증이 아무도 빠져나갈 수 없는 그물을 짜지만,
이 그물은 고기를 잡는 것이 아니라
사람을 목 조를 만큼 두껍다.
그것이 사랑이다.
당신은 마치 피부를 벗겨낸 것처럼
나약해지고 부드러워진 것을 발견한다.
그것이 사랑이다.[15]

다니엘 바루잔(Daniel Varoujan, 1884-1915년)은 20세기 초 서부 아르메니아를 대표하는 시인으로 서부 아르메니아의 많은 지식인들처럼 아르메니아인 학살 때 사망했다. 동포들의 수많은 비극을 본 그의 시 세계는 피와 슬픔으로 가득 찼고, 여기에 소개하는 "아들을 그리워하며"도 전란으로 아들과 떨어져 있는 어머니의 비극을 다루고 있다.

우리 엄마가 편지를 쓴다. – "우리 아들은 순례자이네.
낯설은 달빛 아래 너는 얼마나 오래 떠돌아다녀야 하는가?
집에 돌아와 불쌍한 네 머리를 내 따뜻한 가슴에 안아줄 때까지
얼마나 많은 시간을 기다려야 하는가?"

"오, 옛날 내 손으로 따뜻하게 해주던 너의 발은

14. 같은 책, 221.
15. 같은 책, 224-225.

낯선 땅을 너무도 오래 밟고 다녔구나.
옛날 내 가슴을 비워 채워준 너의 심장은
나의 텅빈 가슴에서 멀리 떨어져 여위어 갔구나!

(중략)

네가 돌아오면 숫양의 머리에 장미를 씌우고
그 녀석을 죽여서 사랑스런 너를 위한 잔치에 내놓아야지.
그리고, 사랑하는 내 아들아, 숫양의 피에
나의 순례자의 지친 발을 씻어 줄 것이다.[16]

게보르크 에민(Gevork Emin 1919-98년)은 학창 시절 예기쉐 차렌츠를 스승으로 만나 그의 큰 영향을 받았다. 〈아라라트 산〉에서는 아르메니아인들의 고통과 인내를 묘사했고, 〈노래들의 노래(Song of songs)〉에서는 "나는 성서에 나오는 아라라트 산만큼 오래된 아르메니아인이다. / 나의 발은 아직 대홍수 때의 물에 젖어있다."라고 하며 아르메니아의 장구한 역사를 노래한다. 영어로 번역된 그의 시 모음집은 《새해에 당신에게(For You on New Year's Day)》라는 제목으로 출간되었다. 실바 가부디칸(Sylva Gaboudikian, 1919-2006년) 20세기 가장 저명한 아르메니아 시인으로 꼽히며 "아르메니아 시의 여왕"으로 불린다. 모국어를 잃어버릴 바에야 어머니를

실바 가부디칸

먼저 잊으라고 교훈한 〈나의 자녀에게 쓰는 시(Lines to My Child)〉로 일약 유명해졌으며, 〈날이 가며(With the Days)〉(1945), 〈간지의 해안(Shores of the Ganges)〉(1947) 〈이것이 나의 조국(This is My Country)〉(1949), 〈한낮의 명상(Midday Meditations)〉(1961), 〈나의 페이지(My Page)〉(1968) 등의 시를 남겼다.[17] 1946년 그녀가 쓴 "호두나무" 전문은 아래와 같다.

세상 끝
정원에
호두나무 한 그루가 있었네.

나의 동포들이여, 당신들은
은혜가 넘치는 가지를 가진
거대한 그 고목과 같다.

땅의 구석구석까지
가지를 뻗고,
뿌리와 줄기를 펼치며
당신들의 과실을 뿌려
이국땅을 풍요롭게 하는 존재이다.

16. 같은 책, 228-229.
17. 같은 책, 235.

홉한네스 쉬라즈

홉한네스 쉬라즈(Hovhannes Shiraz, 1915-84년)의 본명은 호바네스 타데보시 카라페탄(Hovhannes (Onik), Tadevosi Karapetyan)이나 쉬라즈의 장미처럼 향기로운 시를 쓴다고 해서 쉬라즈라는 필명을 받았다. 1935년 첫 시집《봄의 시작(Beginning of Spring)》을 발간했다. 1958년《아르메니아의 리라(수금, Knar Hayastani(Lyre of Armenia))》첫 권을 출간하고, 1965년과 1974년 2권, 3권을 출간했다. 대표작으로는〈아니(Ani)〉,〈나의 어머니(My Mother)〉,〈나의 사랑이 비밀로 남기를(May my love remain a secret)〉,〈샤만토와 케자레(Siamanto and Khjezare)〉,〈아르메니아인의 운명(The Fate of Armenians)〉등이 있다.[18] 그가 1955년 쓴 "유언"의 전문은 아래와 같다.

> 나의 아들이여, 내가 무슨 말을 유언으로 남기리, 나의 사랑하는 아들이여.
>
> 슬플 때나 기쁠 때 나를 기억해주기 바란다.
>
> 나에게는 아무 보물도 없지만, 내 눈의 빛이 내가 가진 보물이고,
>
> 나의 보물 중의 보물은 바로 너란다.
>
> 너의 아버지로서 나는 너에게 이런 보물을 유산으로 남기려고 한다.
>
> 다른 나라의 아버지들은 남길 수 없는 유산을.
>
> 위대한 우리 조국에서는 작은 사람들이 감옥에 갇히고, 구름 속에 묶여 있다.

나는 너에게 우리의 산을 남기니, 너는 그 산을 먹구름 속에서 꺼내
흠결 없는 정의와 함께 조국으로 가져오기 바란다.
사랑하는 아들아, 너의 작은 손으로
위대한 정의의 바다인 그 산을 우리에게 던져주기 바란다.
사랑하는 아들아, 네가 그 산을 가져올 때 나의 무덤에서 나의 심장 [을 꺼내서
그 심장을 아라라트 산 눈 아래 묻기 바란다.
그러면 나는 수백 년을 갈망한 불 때문에 무덤 속에서도 춥지 않을 [것이다.
나는 아라라트 산을 너에게 물려주니 영원히 그것을 간직하거라.[19]

하모 샤흐얀

하모 사흐얀(Hamo Sahyan, 1914-93년)은 《아방가르드》 신문의 기자와문학 신문(Grakan Tert) 잡지의 편집자로 일하며 시를 썼다. 〈보로단 강둑에서(On the Banks of Vorodan)〉(1946), 〈돛(Sail)〉(1947), 〈아르메니아 노래(노래 속의 아르메니아, Armenia in Songs)〉(1962), 등이 대표작이다.[20] 헨리크 에도얀(Henrik Edoyan)과 아르템 하루튜냔(Artem Harutyunian)은 아방가르

18. 같은 책, 237.
19. 같은 책, 236-237.
20. 같은 책, 239.

드적 현대시를 쓴 대표적 시인이다.

1991년 아르메니아 독립 이후 신예 작가들은 소련 붕괴 후의 사회적 혼란과 디스토피아(dystopia), 정치적 부패 등을 시의 주제로 삼았다. 바흐람 사하캰(Vahram Sahakyan)과 바헤 아베탼(Vahe Avetian)을 대표적 시인으로 꼽을 수 있으며, 아베탼은 정치적 박해를 피해 스웨덴으로 이주하여 시작활동을 해왔다. 또 하나 주목할 작가는 아르멘 멜리캰(Armen Melikian, 1963년-)인데, 하버드대학과 옥스퍼드대학에서 수학한 그는 2002년 아르메니아로 돌아와 국적을 회복하고, 아르메니아 고대 문서 연구에 몰두했으나, 그의 작품 《처녀지로의 여행(Journey to Virginland)》 원고가 아르메니아 정보당국에 의해 압수되며, 이 작품을 실은 잡지를 발행하던 그의 부인은 체포되어 국가 반역죄 기소 위협을 받았다. 양성 문제, 종교적 성향과 정치적 부대 등 아르메니아 현대 사회의 여러 문제를 다룬 이 작품은 2010년까지 미국에서 11개의 문학상을 받았다.

7.3 아르메니아 교회

아르메니아 사도 교회(Armenian Apostolic Church, Hay Arak'elakan Yekeghetsi), 그레고리우스 교회(Gregorian Church)라고도 불리는 아르메니아 교회는 4세기 초 아르메니아가 세계 최초로 기독교를 국교로 채택함으로써 탄생했다. "사도" 교회라는 명칭은 1세기에 예수의 제자 바돌로매(Batholomew)와 디도(Thaddaeus)가 아르메니아 지역에 와서 기독교를 전파했다는 전승에 바탕을 두고 있다. 기독교는 전파 초기에 악시다레스(Axidare), 호스로프(Khosrov), 티리다테스 3세(Tiridates III)에 의해 탄압을 받았으나, 성 그레고리우스(Gregory the Illuminator)의 영향으로 티리다테스 3세가 기독교로 개종하며 아르메니아의 국교가 되었다. 아르메니아 측은 로마의 기독교 국교 선포(392년)보다 90여년 빠른 301년 국교로 선포하였다고 주장하나, 수용 시기는 301년부터 314년 사이로 추정된다. 티리다테스 3세는 그레고리우스를 총주교(Catholicos)로 임명하고 그를 카이사레아(Caesarea)로 파견하여 성직 임명(consecrated)을 받도록 하였다. 성 그레고리우스는 원시 종교의 우상을 파괴하고, 많은 주교와 성직자를 임명하였다. 그는 꿈에 나타난 하나님의 계시를 받아 에치미아(Echmiadzin)에 아르메니아 교회의 모교회가 되는 성당을 세웠다.

아르메니아 교회는 로마 교회의 체제 안에서 활동하였고 공의회에도 참석하였다. 아르메니아 교회 총주교는 325년 니케아 공의회와 381년 열린 콘스탄티노플에도 참석하였다. 5세기 이전에는 그리스어나 시리아어로 쓰인 성서 등 기독교 문헌이 사용되었으나, 5세기 초 총주교 사하크(Sahak)가 마슈토츠에게 성서 번역을 위한 문자를 창제할 것을 지시하였고, 마슈토츠는 406년 아르메니아 문자를 창안했다. 이후로 성서를 비롯한 기독교 서적이 아르메니아어로 번역되었고, 성서 번역과 함께 역사, 문학, 철학 등의 저술이 나오며 문예부흥을 이끌었다.

431년 에페수스(Ephesus)에서 열린 공의회에 직접 참석을 하지 못한 총주교 이삭 파르티예프(Isaac Parthiev)는 공의회 결정에 동의한다는 서한을 보내며 로마 가톨릭과의 관계를 유지하던 아르메니아 교회는 451년 칼케돈(Chalcedon) 공의회가 "그리스도는 완전한 하나님이요, 완전한 인간(하나의 본성, 두 개의 성정)"이란 그리스도 합성론(Miaphysitism)을 채택하면서 로마 가톨릭 교회와 다른 길을 걷게 된다. 527년 드빈(Dvin)에서 열린 지역 공의회에서 그리스도 단성론(Monophysitism)을 채택하며 교리적 차이를 분명히 한 아르메니아 교회는 554년 로마 가톨릭 및 동방정교회와 공식 관계를 끊는다. 609-10년 드빈에서 열린 3차 지역 공의회에서는 칼케돈 공의회의 합성론(Miaphysitism)을 받아들인 조지아 교회가 아르메니아 교회를 끊지만 알바니아(코카서스 알바니아) 교회는 아르메니아 교회 관할 안에 남는다. 1198년 로마 공의회 때 아르메니아 교회 일부 성직자들은 로마 교회로의 복귀를 선언하였으나 이를 실현하지 못하였고, 1373년에는 로마 교회로부터 완전히 이탈한다. 이때부터 이탈한 교회는 아르메니아 이교(離敎)교회로 불리게 되었다. 로마 교회로 복귀한 일부 성직자와 신도들은 아르메니아 귀일(歸一)교회로 불리는데, 크게 교세를 발전시키지 못하였다. 귀일교회는 시리아에 총주교구를 두고, 이스탄불에 대주교구를 두고 있다.

아르메니아 교회의 교의는 동방정교회와 거의 유사하고, 전례는 시리아 정교회나 콥트 교회와 유사한 점이 많다. 아르메니아 교회는 동로마 제국과 이슬람 세력을 견제하기 위해 서방 세력과 제휴한 경우가 많았고, 십자군 원정 때에는 십자군 국가들과 동맹을 맺으면서 가톨릭교회로 귀일했던 역사도 있어서 로마 교회의 전례가 일부 들어와 있다. 정교회에 없는 "기도손" 전통, 성체성사 때 무교병을 사용하는 것, 제대나 전례복이 로마교회와 비슷한 점, 기도의 순서가 초입경, 층계경, 고백기도 순서인 점 등이 로마 가톨릭과 비슷하다.

아르메니아 교회는 동로마가 몰락한 후 이슬람 치하에서 극도의 탄압을 받으면서도 끝까지 신앙을 포기하지 않은 덕분에 현재까지 살아남았다. 아르메니아 본토와 전 세계 아르메니아 디아스포라가 있는 곳에 신앙이 유지되며, 전 세계에 약 800만 명의 신도가 있는 것으로 추정된다. 아르메니아 교회는 두 명의 총대주교(Catholicos)와 두 명의 총주교(Patriarch)가 관할하는 관구가 있다.

1. 에츠미아진의 전 아르메니아 총대주교(Catholicos)

아르메니아 교회 전체의 수장 역할을 하며 성 그레고리우스를 초대 수장이다. 외세의 침입에 의해 여러 번 총대주교좌가 이주하였다. 1056년에는 터키의 실리시아(Cilicia)로 완전히 이주했다가 1441년 다시 본토로 돌아왔다. 현재 에츠미아진의 총주교좌는 두 개의 신학

에츠미아진 성당

교에서 학사, 석사 학위 과정을 운영하고 있다.

2. 실리시아-안텔리아스의 총대주교(Catholicos)

아르메니아가 동로마 제국과 우호적 관계를 맺고 있던 시기에 아르메니아인들은 코카서스 산악 지역에서 터키 동남부 킬리키아 지방으로 많이 이주해 왔다. 아르메니아인 숫자가 점점 많아지면서 총대주교좌가 이곳으로 아예 이주해 왔는데, 총대주교좌가 본토로 돌아간 후에도 권위를 유지해 왔다. 1915년 대학살 이후 실리시아 총대주교좌는 레바논의 안텔리아스(Antelias)로 옮겨갔다. 총주교좌는 하나의 신학교에서 고등학교 과정과 학사 과정을 운영한다.

3. 콘스탄티노플의 총주교(Patriarch)

터키에 거주하는 아르메니아 교회 신자들을 관할한다. 현재 터키에 남아 있는 약 4-5만 명의 아르메니아인들은 주로 이스탄불의 쿠르툴루스 지역에 많이 모여 살고 있다. 터키인들과의 충돌에서 그리스 정교회는 크게 위축되었지만, 상업에서 큰 성공을 거둔 아르메니아인들은 신앙 유지에 성공했다.

4. 예루살렘의 총주교(Patriarch)

성지(Holy lands) 전체와 요르단을 관할한다. 모세의 직접적 후손이라고 주장하는 아르메니아인들은 이스라엘과 관계가 좋지 못하다.

하츠카르

아르메니아의 돌 문화와 하츠카르(Khachkar)

바위산과 돌이 많은 아르메니아에는 기독교 수용 이후 돌에 새긴 십자가인 하츠카르가 곳곳에 만들어졌다. 비석 모양의 돌에 "생명의 나무"로 만든 십자가를 새겨 넣은 하츠카르는 현재 아르메니아에 8만 개, 전 세계에 30만개 이상이 있는 것으로 알려져 있다. "생명의 나무"는 창세기에 나오는 에덴동산의 나무인데, 이 나무에서 열리는 열매를 먹으면 영원히 죽지 않는다는 전설이 있어 8세기부터 이집트, 로마, 그리스 등지의 장식에 널리 쓰였다고 한다. 5세기부터 만들어진 하츠카르는 8세기 아랍 지배 시절 비석에 살아 있는 것의 형상을 새겨넣는 것을 금지하는 정책 때문에, 장식이 없는 비석만 만들어졌다. 현존하는 최고의 하츠카르는 879년에 만들어진 가르니 신전 앞의 하츠카르이다. 노라투스 마을에는 900개의 하츠카르로 채워진 기념공원인 '하츠카르의 숲'이 있다.[21]

7.4 아르메니아 음악

민속 악기

두둑

아르메니아의 대표적 악기는 피리 모양의 두둑(duduk)이다. 아르메니아의 국목이라 할 수 있는 살구나무로 만든 두둑은 더블 리드에 총 10개의 구멍(앞에 여덟 개, 뒤에 두 개)이 나 있다. "나무의 따스함과 애상"으로 표현되는 부드러운 음색이 특징이다. 이

외에도 조지아와 같이 주르나와 판두리가 가장 널리 사용된 민속 악기이다.

유명한 음악가

아람 하차투리안

아르메니아의 대표적인 작곡가로는 쇼스타코비치, 프로코피에프와 함께 소련 시대 3대 음악가로 꼽히는 아람 하차투리안(Aram I. Khachaturian, 1903-78년)이 있다. 조지아의 트빌리시에서 태어나고 성장한 어려운 가정환경 때문에 음악 교육을 제대로 받으며 성장하지 못했으나, 그는 1921년 모스크바로 가서 그네신(Gnesin) 음악원에 입학한 후 모스크바 콘세르바토리(Moscow Conservatory)에서 먀스콥스키(Nikolai Myaskovsky)의 지도를 받았다. 1936년 최초로 발표한 피아노 협주곡으로 세계적 명성을 얻은 다음 연이어 바이올린 협주곡, 첼로 협주곡을 발표하며 소련의 대표적 작곡가가 되었다. 그는 아르메니아공화국의 국가를 작곡하고(1944년) 세 개의 교향곡을 작곡했다. 그의 가장 유명한 작품은 발레 음악인 가야네(Gayane, 1942년)와 스파르타쿠스(Spartacus, 1954년)이다. 특히 가야네의 "칼의 춤"은 널리 알려져 있다. 그는 소련 작곡가협회장을 죽을 때까지 맡는 등 소련 음악계에서 큰 위치를 차지했다. 아르메니아인들은 그를 자랑스러워하며 민족적 보배로 여긴다.

---

21. 포고시안, 이토록 아름다운 아르메니아, 75-77.

코미타스 바르다페트

원명은 소고몬 소고몬얀(Soghomon Soghomonian)으로 바르다페트는 평생 독신으로 사는 정교회 사제를 뜻하는 단어이다. 그는 아르메니아인들에 의해 코미타스라고 불린다. 아르메니아 정교회 사제이자 작곡자이며 합창지휘자인 코미타스 바르다페트(Komitas Vardapet, 1869-1935년)는 아르메니아 민족 음악의 선구자로 불린다. 아르메니아 고원 지대에서 태어나고 어려서 고아가 된 코미타스는 아르메니아 정교회 본부인 에츠미아진 성당으로 보내져 그곳에서 신학 교육을 받았고, 1895년 사제 서품을 받았다. 사제가 된 다음 베를린의 빌헬름 대학에서 음악을 전공한 그는 아르메니아로 돌아와 약 3천 여곡의 아르메니아 민속 음악을 수집하였으나, 그 중 절반 이상은 사라지고 현재 약 1,200여 작품만 남아있다. 아르메니아 민족음악론을 확립한 그는 다성악 찬미곡을 교회에 헌정하여 현재도 그의 곡이 아르메니아 교회에서 널리 사용된다. 또한 지역에 따라 다른 하즈(음부)를 통일했다.[22] 1904년에는 쿠르드 민속음악집을 만들기도 했다. 그는 이러한 기여로 "아르메니아 근대 음악의 아버지"로 불렸고, 합창단을 조직해 유럽 각지를 돌며 연주를 해서 드뷔시를 비롯한 유럽 음악가들의 격찬을 받았다. 그는 1910년 콘스탄티노플에 정착했으나, 1915년 아르메니아인들의 탄압 때 체포되었다가 풀려났다. 그러나 이후 체포 후유증으로 정신병을 앓다가 사망했다.

마테나다란

7.5 아르메니아 책의 문화, 체스, 코냑, 디아스포라

아르메니아 고문서와 책의 역사

5세기 초에 고유 문자를 창제한 아르메니아는 주요 문명국이나 강대국의 지위와는 거리가 먼 나라이면서도 세계에 자랑할 서지와 문헌 문화를 가지고 있다. 아르메니아에는 마테나다란(Matenadaran)이라는 국립 고문서보관소가 있다. 양피지나 책을 뜻하는 "마테안(matean)"과 서고라는 뜻의 "다란(daran)"이 합쳐져 만들어진 명칭이다. 마테나다란을 풀어 쓴 공식 명칭은 아르메니아 문자 창제자의 이름을 딴 메스로프 "마슈토츠 고문서연구소(Mesrop Mashtots Institute of Ancient

22. 같은 책 94-95.

Manucripts)"이다. 박물관과 고문서연구소 역할을 동시에 수행하는 마테나다란은 1959년 아르메니아 교회의 문서고를 기반으로 예레반에 세워졌다.

아르메니아 역사에서 문서보관소의 존재를 처음 언급한 사람은 5세기 역사학자 가자르 파르페치(Ghazar Parpetsi)였다. 그는 바가르샤파트(Vagharshapat)의 에츠마이잔 총주교청에 그리스와 아르메니아로 쓰인 문서들이 보관되어 있다고 기록했다. 그러나 여기에 보관된 문서들이 총주교청의 실리시아 이전, 셀주크 터키와 몽골 침입 시대인 10-15세기에 어떤 운명을 맞았는지는 알려져 있지 않다. 중세 아르메니아 역사학자인 오르벨리안(Stepanos Orbelian)은 셀주크 터키가 1170년 바가베르드(Baghaberd)에 보관 중이던 약 만 여점의 고문서를 불태웠다고 기록한 바 있다. 아르메니아가 강대국의 각축장이 되는 동안 고문서는 여러 번 참화를 겪었고, 1804년 러시아-터키 전쟁 때도 많은 자료가 상실되었다. 러시아 지배 하에서는 고문서들이 큰 피해를 입지 않고 잘 보관되었고, 고문서 목록도 1828년 1,809점, 1863년 2,340점, 1892년 3,338점으로 꾸준히 늘어났다. 1차 대전 발발 직전인 1914년 소장 자료는 4,660점까지 늘어났으나 1915년 학살 시기에 많은 자료가 불타거나 소실되었다. 1922년 소련 정부는 모스크바로 반출되었던 1,730점의 고문서를 아르메니아로 돌려보냈다.

아르메니아어로 쓰인 책으로 최초로 활자로 인쇄된 책은 1512년 베니스에서 인쇄된 《움파타기룩(금요일의 기록)》으로, 기독교 사상을 내용으로 다루고 있다. 현재 마테나다란에는 약 23,000점의 고문서와 약 5만 점의 공식문서가 보관되어 있다. 고대 문서는 종교적 주제의 양피지, 책, 필사본 등이 주를 이루지만, 역사, 수학, 지리, 천문, 철학, 법률, 의학, 화학 등의 고문서도 상당수 보관되어 있다. 아르메니아 문서뿐만 아니라, 그리스와 시리아어에서 번역한 문서도 다수 포함되어 있다. 보관된 문서 중 가장 오래된 것은 7세기에 쓰인 것으로 추정되는 베하모르 복음서(Vehamor Gospel)이고, 라자란 복음서(Lazarian Gospel, 9세기), 에츠미아진 복음서(Echmiadzin Gospel, 10세기), 무그니 복음서(Mughni Gospel, 11세기)가 가장 중요한 고문서로 꼽힌다. 테르-페트로시안을 비롯한 역대 아르메니아 대통령은 취임식에서 베하모르 복음서에 손을 얹고 취임 선서를 하였다. 마테나다란은 예레반을 방문한 외국인들이 찾는 중요한 관광 명소가 되었고, 유네스코는 아르메니아의 문서 전통을 존중하여 2012년 예레반을 "세계 책의 수도"로 선정하였다.

세계에서 가장 큰 책의 보관 전승

국내에 출간된 《이토록 아름다운 아르메니아》라는 책에는 전승으로 전해져 오는 세계에서 가장 큰 책이 전란 중에 어떻게 보존되어 현재까지 전해져 왔는지가 잘 설명되어 있다. 1200년 무쉬라는 마을의 귀족 아스트와차툴은 세계에서 가장 큰 책을 만들기로 결정하고, 많은 사람을 동원해서 2년간의 노력 끝에 성경의 단어, 사상가들의 철학, 아르메니아 역사 등이 내용으로 담긴, 크기가 2미터가 넘는 660쪽 책을 완성하였다. 《무쉬의 토니칸》이라고 불린 이 책은 완성된 지 불과 1년 후 마을을 침략한 셀주크 터키군에게 약탈당했다. 약탈자들은 책의 반환 조건으로 거대한 금액을 제시했는데, 마을 주민

무쉬의 토나칸

들이 십시일반 이 돈을 마련하여 책을 되찾아왔고, 이 책은 이후 약 800년간 교회에 잘 보관되었다. 1차 대전 발발과 함께 아르메니아인들의 학살과 고난의 시기가 시작되면서 책이 위험해지자, 주민들은 책을 반으로 나눠 한쪽은 엘즈룸의 교회 정원에 묻고, 다른 한쪽은 여러 집이 번갈아 가며 보관했다. 그러나 전란 중 이 한쪽이 사라졌는데, 어느 날 피난을 가던 여인 둘이 에치미아진(Etchmiadzin) 성당에 나타나 큰 포대기로 감싼 물건을 놓고 갔는데, 이것이 사라진 책의 반쪽이었다. 전란 후 두 부분은 다시 결합되어 이 책은 현재 마테나다란에 전시되어 있다.[23]

아르메니아와 체스

아르메니아는 체스의 나라이다. 1963년부터 1969년까지 체스 세계 챔피언을 지낸 소련 시대 전설적인 체스 챔피언 티그란 페트로시

페트로시안 체스 박물관

티르간 페트로시안

안(Tigran Petrosian)이 대표적 인물이고, 소련 말기 세계 챔피언을 지냈으며, 러시아 반체제 운동에 적극 참여한 게리 가스파로프(Gary Gasparov)도 바쿠 태생이기는 하지만 유대계 아르메니아인이다. 1997년 AI인 "딥 블루"는 가스파로프를 격파하여 파란을 일으키기도 했다. 소련 시절에는 중요한 체스 경기가 열리면 큰 광장에 사람들이 모여 건물 벽에 그려진 체스판으로 경기 상황을 같이 보며 응원을 했다고 한다. 아르메니아 초등학교에서는 체스가 필수과목으로 채택되었고, 예레반에는 페트로시안의 이름을 딴 체스 기념관이 있다. 체스는 두뇌가 우수한 아르메니

23. 같은 책, 62-66.

아인들의 게임으로 알맞고, 어려서부터 체스를 통해 두뇌 교육을 받은 어린이들은 첨단 IT 산업을 이끌 수 있는 재목으로 큰다.[24]

코냑과 와인

아르메니아의 대표적 술은 코냑(브랜디)이다. 특히 아라라트 코냑은 소련 시절부터 최고의 코냑으로 꼽혔으며, 1990년 공장의 소유권이 프랑스 회사로 넘어간 뒤에도 계속 이 상표를 유지하고 있다. 2차 대전을 승리로 이끈 처칠 수상의 트레이드마크는 쿠바산 시가와 아르메니아 코냑이다. 1945년 2월 얄타회담에 와서 아르메니아산 코냑을 처음 맛본 처칠은 이를 극찬했고, 스탈린은 매년 400병의 아르메니아산 코냑을 처칠에게 보내주었다고 한다.[25] 아르메니아에서 생산되는 포도를 원료로 만들어지는데, 예레반의 코냑 공장은 관광 코스가 될 정도로 유명하다. 이 공장에 들어가면 사람이 앉을 수 있는 큰 나무 저울이 있는데, 한쪽에 귀빈이 앉으면 저울의 반대편 오크통에 그의 무게와 동일한 양의 코냑을 담아서 이를 손님에게 선물하는 전통이 있다. 아르메니아 남자들은 식사 후 후식으로 오른손에 코냑 잔, 왼손에 초콜릿을 같이 들고 먹는 풍습이 있다. 옛 소련 지역에서는 손님에게 커피를 대접할 때 커피에 코냑을 조금 넣어 대접하는 경우가 많았다.

아르메니아 와인도 유명하다. 예부터 포도 재배에 뛰어난 환경을 가진 코카서스 지방에서는 다양한 품종의 포도가 재배되었다. 2007년 아레나 지방의 동굴에서는 약 6,100년 전의 와인 양조장 유적이 발견되었다. 현재 아르메니아에는 100종류 이상의 포도가 재배되고

아라라트 코냑 양조장

있다. 레드와인으로는 아레니 노와르 종을 발효시켜 만든 조라 카라시(Zorah Karasi)가 유명하다. 이 와인은 2012년 세계 와인 톱10에 들기도 하였다. 화이트 와인으로는 조라 보스키(Zorah Voski)가 유명하다.[26]

아르메니아에서는 크리스마스를 앞두고 각 지역을 돌며 그 해에 수확된 포도로 빚은 좋은 와인을 찾아 다니는 풍습이 있었다. 각 지방은 고유의 와인 양조 제조법이 있고, 각 농가에는 거대한 항아리인 카라스(karas)에 와인을 보관해 두었다가 와인을 찾는 손님들에게

24. 같은 책, 30-33.

25. 같은 책, 44-45.

26. 같은 책, 54-55.

내준다. 현대에 와서 도시 지역에서 품질 좋은 와인을 쉽게 구할 수 있게 되면서 이 풍습은 사라지고 있다.[27]

아르메니아 디아스포라와 세계적 인물들

아르메니아 디아스포라는 아르메니아 밖에 거주하는 아르메니아인들과 이들의 공동체를 가리킨다. 아르메니아어로는 스퓨르크(Spyurk, սփյուռք)라고 불리고, 이들이 거주하는 공동체는 가구트(gaghut, գաղութ)라고 불린다. 국내 인구(약 300만)보다 디아스포라 인구(700-800만)가 더 많다는 사실은 아르메니아가 겪은 역사적 고난을 단적으로 보여준다.

아르메니아 디아스포라의 역사는 1,700년이 넘는다. 대아르메니아(Greater Armenia) 밖의 아르메니아 공동체는 4세기부터 형성되기 시작했다. 페르시아 사산 왕조와 동로마제국 북동 국경 지대에 아르메니아인들이 자발적 또는 강제적으로 이주해 살기 시작했다. 동로마제국은 인구가 희박한 지역에 아르메니아인들을 이주시키기도 했다. 동로마제국 내의 아르메니아인들은 동방정교회로 개종하기도 했으나, 아르메니아 교회 신앙을 끈질지게 유지한 숫자도 많았다. 11-12세기에는 터키 동남부 실리시아 지역으로 많은 아르메니아인들이 이주해 살았고, 아르메니아 교회 총대주교좌도 이곳으로 옮겨오기도 했다. 1375년 아르메니아 왕조가 마렐루크인들(Mamelukes)에게 멸망하면서 약 15만 명의 아르메니아인들이 사이프러스, 발칸 지역과 이탈리아 반도 등으로 이주했다. 이후 오스만 제국, 이란, 러시아, 코카서스 다른 지역으로도 이민이 진행되었다. 근대로 들어오면서 아르메니아 디아스포라는 크게 둘로 갈라져서 오스만 제국 내에 거주하는 서부 아르메니아인(West Armenian)과 옛 소련, 이란, 아르메니아 본토에 사는 동부 아르메니아인(East Armenian)으로 구별되었다. 1차 대전과 오스만 터키의 몰락, 1915년의 대학살로 역사상 가장 큰 아르메니아인들의 이주가 발생했고, 많은 수의 아르메니아인들이 희생되었다.

현재 아르메니아인들이 살고 있는 주요 지역을 보면, 아르메니아(3백만) 외에 나고르노-카라바흐(13만), 조지아 내의 접경지대인 자바흐크(Javakhk)(12만), 러시아(112만에서 최대 150만), 미국(50만에서 최대 80만), 조지아(17만에서 최대 40만), 프랑스(13만에서 최대 25만), 우크라이나(10-15만), 이란(최대 10만), 시리아(최대 7만), 아르헨티나(최대 6만), 터키(최대 6만), 캐나다(5만), 우즈베키스탄(5만) 등이다. 아르메니아 디아스포라는 경제 사정이 열악한 아르메니아 본국에 적지 않은 경제적 도움을 주고 있으며, 국내 정치에 대한 영향력도 매우 크다. 미국에서는 제2의 유대인으로 불리며 상업, 학문 분야에서 큰 업적을 낸 사람이 많이 배출되었다. 아르메니아 디아스포라로 세계적 명성을 떨친 사람은 미국 문호 윌리엄 사로얀, 이집트 초대 수상 누바르 파샤(본명 누바르 누바랸), 캐나다 영화감독 에톰 에고얀, 프랑스 영화감독 앙리 베르느이유(본명 아쇼트 마리칸), 러시아 해양 화가 이반 아이바좁스키(본명 호반네스 아이바쟌), 소련의 정치가, 항공 설계사였던 미코얀 형제, 러시아 음악가 아란 하차투리안, 알렉산더 아르투냔 등이 유명하다.[28] 미국 의회도서관장, 브라운

27. 같은 책, 56-57.

대학교 총장, 카네기 재단 이사장을 지낸 바르탕 그레고리안(Vartan Gregorian), 크라이슬러를 소유했던 자산왕 크리크 크리커리안 등도 유명하고, 프랑스의 음악가 샤를 이즈마블, 체스 챔피언 보리스 가스파로프도 아르메니아인이다. 러시아 외무장관 라브로프도 아버지가 아르메니아인이다. 과학과 기술 분야에서도 뛰어난 재능을 발휘하여 컬러TV(호바네스 아다만Hovannes Adamian), MRI(레이몬드 다메이디언Raymond Damadian), 시멘트 믹서 차량(스테판 스테파냔Stephen Stepanian), ATM(루서 조지 심쟌Luther George Simjian), 자동변속기(아사투르 사라퍈Asatour Sarafian) 등도 아르메니아인들이 발명했다고 한다.[29]

---

28. 그랜트 포고시안, 《이토록 아름다운 아르메니아》(미래를 소유한 사람들, 2008), 96-97.
29. 같은 책, 86-87.

[참고문헌]

류광철. 《아제르바이잔》(21세기북스, 2009).

카플란, 로버트. 이순호 역. 《지리의 복수》(미지북스, 2017).

한양대학교 아태지역연구센터 역. 《카프카스와 중앙아시아 문화연구》(한양대학교 아태지역연구센터, 2017).

포고시안, 그랜트. 백승화 역. 《이토록 아름다운 아르메니아》(미래를소유한사람들, 2018).

허승철. 《조지아의 역사》(문예림, 2016).

허승철. 《호랑이 가죽을 두른 용사》(문예림, 2017).

허승철. 《코카서스 3국 문학 산책: 조지아, 아제르바이잔, 아르메니아 시와 러시아 문학》(문예림, 2018).

허승철, 피르츠칼라바. 《조지아어 기초회화》(문예림, 2019).

Altstadt, A. The Azerbaijan Turks: Power and Identity under Russian Rule (Stanford: Hoover Institution Press, 1992).

Azerbaijan 100 Questions Answered. (Baku: The Anglo-Azerbaijan University, 2006).

Blackwell, A. *A Selection of Armenian Poetry* (Los Angeles: Indo-European Publishing, 2008).

Bournoutian, G. *A Concise History of the Armenian People* (Costa Mesa: Mazda Publishers, 2012).

Coffin, L. *Georgian Poetry: Rustaveli to Galaktion: A Bilingual Anthology* (Bloomington: Slavica Publishers, 2013).

De Waal, T. *The Caucasus: An Introduction* (Oxford: Oxford University Press, 2010).

Forsyth, J. *The Caucasus: A History* (Cambridge: Cambridge University Press, 2013).

Grossman, V. *An Armenian Sketchbook* (New York: New York Review of Books, 1998).

Hairaptian, S. *A History of Armenian Literature* (New York: Caravan Books, 1995).

Herzig, E. *The New Caucasus: Armenia, Azerbaijan, Georgia* (London, The Royal Institute of International Affairs, 1999).

Kaplan, Robert. *The Revenge of Geography* (New York: Random House, 2012).

Karbedia, M. *Georgian Wine Guide* (Tbilisi: Ministry of Economy of Sustainable Development of Georgia, 2012).

Kelly, L. Lermontov: Tragedy in the Caucasus (New York: Tauris Parke, 2003).

Kveselava, M. Anthology of Georgian Poetry (Honolulu: University of Pacific Press, 2001).

Kusov, G. (Ed) *Pushkin i Kavkaz: 200-letiu so dnia rozhdeniia A. S. Pushkina* (Vladikavkaz : Ministerstvo kultura i iskustva Respubliki Severnaia Osetiia, 1999).

Layfield, D. The Literature of Georgia: A History (London: Routledge, 1994).

Layton, Susan. *Russian Literature and Empire: Conquest of the Caucasus from Pushkin to Tolstoy* (Cambridge: Cambridge University Press, 1994).

Lermontov, M. *Polnoe sobranie sochinenii v odnom tome* (Moskva: Al'fa-kniga, 2010).

Markov, Evgenii. *Ocherki Kavkaza* (Sankt Peterburg: Vol'f, 1887).

Payaslian, S. *The History of Armenia* (New York: Palgrave Macmillan, 2001).

Suny, R. G. *Looking toward Ararat: Armenia in History* (Bloomington: Indiana University Press, 1993).

Tseleteli, Z., Tsagareishvili, T. *Georgia: Traditions, Beliefs and Arts* (Tbilish: Foundation for Preservation of Georgia's Ethnographic Heritage, 2010).

코카서스 3국의 역사와 문화

조지아·아제르바이잔·아르메니아의 숨겨진 매력

초판 발행 2019년 11월 20일
초판 2쇄 2024년 6월 3일

지은이 허승철

펴낸곳 고려대학교출판문화원
www.kupress.com
kupress@korea.ac.kr
(02841) 서울특별시 성북구 안암로 145
Tel 02-3290-4230, 4232
Fax 02-923-6311
찍은곳 (주)동화인쇄

ISBN 979-11-90205-15-3 93900

값 19,000원